淮河 300 问

主　编　唐元海
副主编　於祖卫

黄河水利出版社

图书在版编目(CIP)数据

淮河300问/唐元海主编. —郑州:黄河水利出版社,1999.12 (2014.5 重印)
(中国江河百问丛书)
ISBN 978-7-80621-276-9

Ⅰ.淮… Ⅱ.唐… Ⅲ.淮河-基本知识-问答
Ⅳ.K928.42-44

中国版本图书馆CIP数据核字(1999)第71692号

中国江河百问系列丛书总策划: 骆向新 张保印

出 版 社:黄河水利出版社
地址:河南省郑州市顺河路黄委会综合楼14层 邮政编码:450003
发行单位:黄河水利出版社
发行部电话:0371-66026940、66020550、66028024、66022620(传真)
E-mail:hhslcbs@126.com
承印单位:河南地质彩色印刷厂
开本:850mm×1 168mm 1/32
印张:7.875
字数:197千字
印数:10 001—13 000
版次:1999年5月第1版
2009年5月第2版
印次:2014年5月第4次印刷

定价:16.00元

主　　编　唐元海
副主编　於祖卫
编写人员　（按姓氏笔画排序）
乐蓓莉　朱艳红　杜红志　张孝南
吴宗越　於祖卫　郭　霞　唐元海
康复圣　曾素华　董开友　葛海燕

序

淮河古代与黄河、长江、济水齐名，并称为“四渎”。现在是我国七大江河之一。

淮河流域地处我国南北气候过渡地带，它与秦岭山脉构成了我国的南北物候分界线。这里气候温和，雨量适中，土地肥沃，物产丰富，人杰地灵，人类活动历史悠久，是我国经济、文化繁荣发达较早的地区之一，也是中华民族灿烂文化的发祥地之一。淮河流域在我国数千年文明发展史上，始终占有极其重要的位置，素有“江淮熟，天下足”的美誉。悠久的治水历史、丰富的人文景观和一批古代水利工程遗产，无不闪烁着古代劳动人民改造自然、征服淮河的智慧之光。

12 世纪前，淮河尾间通畅，水旱灾害比较少，经济文化比较发达，在民间流传着“走千走万，不如淮河两岸”的赞美之句；12 世纪后，由于黄河长期夺淮的危害，使淮河流域沦为水旱灾害频繁的地区，人民生活日趋贫困。历代劳动人民在与黄、淮洪水长期斗争中，创造了许多辉煌业绩，也积累了许多宝贵的治水经验，这些都是应该加以研究和总结的。

新中国成立后，在百废待兴，国家经济处于十分困难的情况下，中国共产党从人民利益出发，作出了根治淮河的英明决策。中央人民政府政务院作出《关于治理淮河的决定》，毛泽东主席发出了“一定要把淮河修好”的庄严号召。从此，开创了人民治淮的新时代。1991年江淮大水之后，国务院及时召开治淮、治太会议，作出《关于进一步治理淮河和太湖的决定》，并连续4次召开治淮工作会议，掀起新中国第二次大规模治淮高潮。49年来，淮河的治理与开发，在国家的统一部署下，经过流域四省人民的艰苦奋斗，团结协作，用智慧和勤劳的双手，在全流域初步建成了防洪、排涝、灌溉、发电、航运等相结合的工程体系，对保障人民生命财产安全、促进国民经济发展和社会安定发挥了巨大的作用。现在，淮河流域已经成为国家重要的粮棉油生产基地，煤、电能源基地和交通枢纽，这对保障我国社会经济可持续发展必将发挥重要作用。

古今淮河流域人民，在生存与发展的过程中取得的伟大成就，奠定了淮河作为中华“姊妹母亲河”的地位。淮河区域文化体系作为华夏文化大厦的柱石之一，完全可以与黄河、长江区域文化并驾齐驱。

遵照水利部的意见，根据黄河水利出版社策划出版的七大流域《中国江河百问》系列丛书的要求，我委宣传出版中心和《淮河志》总编室的同志，仅用两个多月的时间，写成了《淮河300问》。该书编写采用问答方式，融知识性与可读性于一体，是宣传水利、普及文史知识独辟蹊径的新尝试。

《淮河300问》的出版发行，不仅会帮助社会各界进一步了解新中国治淮取得的伟大成就，也是向广大青少年进行传统文化、民族精神和爱国主义教育的好教材。

2000年10月14日，是新中国治淮50周年纪念日，为迎接这个纪念日，我希望有更多反映淮河水利建设成就的好书问世。

肖　幼

1999年10月

前言

淮河流域地处中原，气候温和，土地肥沃，物产丰富，人杰地灵，是我国古代文明的重要发祥地之一。淮夷部落，是中华民族三大先祖集团的组成部分。大禹是我国古代治水英雄，也是古代导淮有功之臣，他娶淮畔古涂山国氏女为妻，还在淮河流域的阳城(今河南省登封市)和阳翟(今河南省禹州市)建立了我国第一个奴隶制国家——夏朝。大禹治水的过程，恰恰就是各古代部落融合统一的过程，也是中华文明国家逐渐形成的过程。大禹治水成功后，在涂山召开各诸侯国首领大会，以示庆祝，并把天下划分为九州，这给华夏文明古国的产生奠定了基础，从此，华夏民族开始跨进了文明时代的门槛。淮河流域多处古人类遗址和100多处新、旧石器文化遗址的发现，也充分证明淮河流域古代文明的悠久历史。

丰厚的文化土壤，培育出一大批著名的思想家、政治家、军事家、文学家、科学家。这批历史风云人物，在中华民族生存和发展的历史长河中，用他们的智慧为中华民族的繁荣作出了伟大的贡献。如文化圣人孔子、孟子、老庄等，他们的学术思想博大精深，不仅具有伟大的历史价值，而且具有现实意义，在解决当今世界的和平、发展、人际关系等问题上，古人的许多理念可以给人们富有智慧的启迪。

翻开我国的社会发展史，我们还可清楚地看到，历代王朝的兴衰，无不与水利事业紧密相连。管仲曾说，善为国者，必先除水之害。从古至今，历代劳动人民在改造自然、征服洪水的斗争中，在淮河流域兴修了许多著名的水利工程。这些水利工程，在除害兴利和发展经济上发挥了巨大的作用。

面对淮河几千年取得的辉煌成就和苦难历史，我们研究得还很少，对淮河的自然、人文历史的积淀和神秘内涵还知之甚少。因此，我们认为，编写《中国江河百问》系列丛书，是十分有意义的事情。遵照水利部办公厅关于编写出版《中国江河百问》系列丛书的意见，我委宣传出版中心和《淮河志》总编室，很快组织成立了编写组，积极投入该书的编写工作，仅用两个多月的时间，写成了《淮河 300 问》。该书采用问答形式，从一个个侧面，一个个视点，让人们领略一条伟大河流的风采、品格和忧患；向关心淮河的社会各界人士和广大青少年读者，提供了一些了解淮河的知识，引发人们认识淮河的情趣，激发广大青少年热爱祖国、热爱家乡、热爱母亲河、保护母亲河的感情。

本书由唐元海和於祖卫两同志组织编写，淮河水利委员会肖幼副主任为本书作序。参加各篇章编写工作的有：董开友、郭霞、杜红志（自然地理篇），唐元海、康复圣、吴宗越（历史文化篇），曾素华、张孝南（社会经济篇），乐蓓莉、葛海燕、朱艳红（治理开发篇）。

在编写此书过程中，我们参考的主要文献有《淮河志》七卷书稿、《淮河水利简史》、《淮河纪行》、《淮河文化概观》、《淮河流域规划概要》等。在这里特向这些文献著作的作者、编者、出版社，向为编写、出版此书提出宝贵意见的专家和朋友们致以衷心的感谢！

由于该书内容广泛，时间跨度大，加上作者水平有限，成稿仓促，书中内容难免有误或考虑不周之处，敬请广大读者批评指正。

编者

1999 年 10 月

目录

自然地理篇

历史文化篇

社会经济篇

治理开发篇

淮河300问

自然地理篇

❶淮河发源于什么地方，干流长度是多少？

淮河发源于河南省桐柏山的太白顶，蜿蜒东行，经河南、湖北、安徽，纳千流，汇百溪后，进入江苏省洪泽湖，分两路入江、入海。淮河从源头到入江或是入海，干流长度都是1 000余公里。

❷淮河的年龄是多少？

据有关地质、地理学者的研究，淮河已形成100万年左右。数百万年前，黄淮海平原还是一片茫茫的大海，山东地垒是耸立在大海中的巨岛。由于黄河巨大的造陆功能及地壳上升，海水逐渐消退，今淮河中游仍是湖泊和海湾。100万年左右淮河只有上游一段，那时，淮河从桐柏山东流而下，是淮河的雏形。之后，黄河不断发育，黄河挟带的大量泥沙在太行山和伏牛山两山脉交界的谷地泻出，形成巨大的三角洲，继续往东、东南、东北呈巨大的扇形向海域延伸。当三角洲向东南推移接近大别山脉的北麓时，三角洲的南缘和大别山的北麓之间，形成了一个低洼地带，淮河因而就不断延伸。当三角洲向东拓展，接近山东古陆时，三角洲的东侧和古陆之间，形成了大野泽、沛泽等湖泊低洼地带，延长了从古陆上流出来的泗水河道。淮河和它的支流泗水的中下游河段就这样逐步形成。黄河三角洲是一个西北高、东南低的坡面地形，它长期受黄河洪水和当地涝水的冲蚀，逐渐形成了淮河北岸的支流。淮河南岸的各支流，大都是淮南古老地块上早已被冲蚀而形成的河道。淮河尾闾南岸的里下河洼地，则是由长江三角洲和黄河三角洲因海流的动力作用，逐渐接近闭合而形成的四面高、中间凹的湖泊地带。大约到了新石器时代末期（5 000年前），淮河就已经伸展到今江苏省涟水县境入海了。

❸淮河流域面积有多大，流域界长多少，纵横各有多少公里？

淮河流域面积 27 万平方公里，其中淮河水系 19 万平方公里，沂、沭、泗水系 8 万平方公里。流域界长为 3 000 公里。流域东西长 700 公里，南北宽平均约 400 公里。

❹你能说出淮河干流上、中、下游的界限、长度及落差吗？

根据其地形和河道特性，淮河可分为上、中、下游三段，从桐柏山源头到豫、皖两省交界的洪河口为上游，流域面积 3.06 万平方公里，河长 364 公里，落差 174 米，占全河总落差的 87%。从洪河口到洪泽湖出口处的中渡为中游，流域面积 15.8 万平方公里，河长 490 公里，落差仅 16 米。从洪泽湖出口处的中渡到三江营为下游，这段河道也就是通常所说的入江水道，长约 156 公里，落差 6 米，区间流域面积 6 000 多平方公里。

❺淮河的长度是正好 1 000 公里吗？淮河流域涉及几个省？

在有关淮河和治淮文献中，都称淮河长 1 000 公里，这个数据是没有准确依据的，实际上一条河流的长度不可能如此精确。对于淮河来说更有其特殊性，淮河河道弯曲，分汊多，又穿过许多湖泊；尤其是河道穿越了洪泽湖、高邮湖等湖泊，要确定它的长度须先确定主流的位置，这就很困难。所以，通常说淮河干流分上中下游三段，上游长 360 公里，中游长 490 公里，下游长 150 公里，合计正好 1 000 公里。这是个约定俗成的说法，基本上表达出淮河的长度。因此，各种文献资料一直沿用这一数据。

淮河流域涉及河南、湖北、安徽、江苏、山东五省。由于湖北省只有 1 355 平方公里属淮河流域,因此,一般只说淮河流域包括豫、皖、苏、鲁四省。

❻淮河流域有哪几大山脉?它们的最高峰分别位于何地?

淮河流域有四条较大的山脉,分别是伏牛山脉、桐柏山脉、大别山脉和沂蒙山脉。伏牛山脉的最高峰石人山海拔 2 152 米,位于河南省鲁山县,为淮河流域之巅。桐柏山的最高峰太白顶海拔 1 141 米,是淮河的发源地,位于河南省桐柏县。大别山的最高峰白马尖海拔 1 774 米,位于安徽省霍山县。沂蒙山最高峰龟蒙顶海拔 1 156 米,位于山东省蒙阴县。

❼淮河流域分哪两大水系?它们之间以什么为界,又以什么沟通?这是怎样形成的?

由于水系变迁的缘故,淮河流域分为淮河水系和沂沭泗水系,这两大水系是相对独立,又有一定联系。它们之间以废黄河为界,又通过大运河和淮沭新河沟通两大水系。目前,这条废黄河是黄河夺淮形成的黄河故道。由于黄河泥沙含量大,所经之地淤积严重,打乱了原水系,使淮河失去了入海出路,黄河河道自身也不断抬高。黄河北徙以后,留下了这条上自河南兰考县黄河南岸铜瓦厢,下至苏北黄海的高出一般地面的故道,以此为界形成了淮河和沂沭泗两大水系。

南北走向的京杭大运河千百年来长盛不衰,如今在淮河流域它仍发挥着航运和调水功能,起着沟通淮河水系和沂沭泗水系的作用。淮沭新河是为分泄两大水系洪水而人工开辟的,它连接洪泽湖至新沂河,也成为沟通两大水系的通道。

❽淮河水系的地貌类型有几种?面积各有多大?其中,平原在黄淮海平原中占什么位置?

淮河水系处于我国地形第二阶梯的前缘,基本上属于第三阶梯。全水系地貌分为山地、丘陵、平原三种类型:山地面积为 31 700平方公里,占水系总面积的 17%;丘陵为 32 800 平方公里,占 17.5%;平原为 122 500 平方公里(包括湖泊洼地),占 65.5%。其中,平原约占整个黄淮海平原面积的 3/5。淮河平原是黄淮海平原水土条件最好的地区。淮河上中游平原,具有发展农业的自然条件,人均耕地较多,具有进一步增产的潜力;淮河下游平原是黄淮海平原粮食单产最高的地区,农业基础好,已形成了一套排灌系统,是重要的商品粮基地。

❾黄河夺淮是从什么时候开始的,什么时候结束的,经过几个阶段,主要有哪几条泛道?

黄河夺淮是从公元 1194 年开始的,即金章宗明昌五年,黄河在河南省阳武决口,洪水大溜奔封丘,经长垣、曹县以南,商丘、砀山以北至徐州冲入泗水,从淮阴注入淮河。到了清咸丰五年,即公元 1855 年,黄河在今河南兰考铜瓦厢决口,掉头北去,改道由山东利津入海。从公元 1194 年到公元 1855 年,黄河夺淮长达 662 年。在此还要区分黄河夺淮和黄河南泛这两个不同的概念。黄河南泛比黄河夺淮要早得多,历史上黄河经常南泛侵淮,直至本世纪也有多次南泛,如著名的 1938 年黄河花园口决堤,南泛淮河达 9 年。但是南泛只是部分黄河水决溢,主流仍在黄河主河道,这与夺淮有着根本区别。

黄河夺淮660多年中,大体上经过3个阶段:公元1194年至金末元初,40多年间,黄河夺淮主要沿古汴水和泗水注入淮河;自公元1234年至明隆庆初年,潘季驯二任总河,开始修筑黄河下游南北堤防,近340年中,黄河南徙不定,漫流到淮河腹地的涡河、颍河、睢水。这段时期洪水为害最烈,西自开封,东到海滨,北自东平,南到淮河,皆为黄水浸灌泛滥之区;自明隆庆初年到公元1855年,280多年中,黄河基本上沿元末贾鲁故道,夺淮、泗,东出云梯关入海。黄河夺淮所经线路归纳起来,主要有泗水、古汴水、睢水、涡河和颍河五条泛道。

⑩黄河夺淮对苏北海岸产生了什么影响?

黄河夺淮后,在苏北流入黄海。黄河大量的泥沙使入海口三角洲不断伸展,由此带来苏北海岸不断向海里推进。黄河夺淮前淮河在云梯关直流入海,那时海岸在范公堤沿线,即如今畅通南北的通榆公路。黄河夺淮后,海岸逐渐向外淤涨,在向外伸展过程中,有时快,有时慢,有时甚至后退。在黄河夺淮最初的一二个世纪内,大致从云梯关附近向北,经新安镇(今灌南县)至海州东孔望山一带入海。明代后期,黄河入海口在云梯关以东四套附近。由于潘季驯采用"束水攻沙"治水政策,迫使泥沙到河口入海,黄河入海口三角洲的伸展才加快。到清康熙三十九年(公元1700年),河口下移约30公里,至八滩附近;清乾隆四十一年(公元1776年),河口又下移20多公里,至新淤尖附近。从公元1578~1776年近200年间,河口平均每年以250米速度向黄海推进;到公元1855年黄河北徙后,河口又向外伸展20多公里。以盐城为例,唐宋时代大海距城东不到1公里,15世纪距城东15公里,17世纪初距城东25公里,19世纪中期距城东50公里,到20世纪30年代已距城东70公里了。由此看来,黄河夺淮对苏北海岸产生了巨大影响,改变了苏北海岸海陆构成。其突出之处,是其巨大的造陆功能,扩大陆地面积6 000多平方公里,并形成了全国有名的淮北盐场。如今在海潮线上下还有全国最大的沿海滩涂,具有很大的开发价值。

⑪我国东部最大的断裂带叫什么?它对治淮有什么影响?

我国东部最大的断裂带叫做郯庐断裂带,它是一系列北北东向断裂组成的复杂构造带。从渤海经山东半岛至淮河流域东部,经莒县、郯城、新沂、泗洪、嘉山、庐江一线出淮河流域。断裂带北宽南窄,北部宽约60公里,南部宽约20公里,在山东境内为沂沭河断裂带。由于郯庐断裂带的存在,使淮河流域东部的断裂带沿线地质构造不稳定,地震烈度高,是治淮工程建设中必须考虑的因素,必须提高工程抗震设防标准。这样增加了治淮工程规划、勘查、设计、施工及运行管理的技术要求和复杂性。尤其是沂沭泗河洪水东调南下工程中不少建筑物就坐落在断裂带上,必须充分考虑这里地质构造的不稳定性,加强设防,以确保工程安全运行。

⑫沂蒙山区的山峰为何多称“崮”?它是怎样形成的?

山东省沂蒙山区位于流域的东北部,这里山峰大多为石灰岩、砂页岩和花岗岩构成。在许多石灰岩低山区常形成一种周边陡峭、山顶平坦的方山地貌,当地人称其为“崮子”。这种独特的崮状地貌,分布广、数目多,素有沂蒙山区“七十二崮”之说。著名的孟良崮、抱犊崮就是这种方山地貌。

这种地貌的形成，是本地山体的组成结构、大地构造运动和外力地质作用的共同结果。在遥远的地质年代，这里是一片海洋，沉积了大量的物质，在较上部沉积了巨厚的石灰岩层；由于大地构造运动的影响，地壳隆起为陆地，并逐渐上升。在水流侵蚀和风化等地质营力作用下形成了山体。由于石灰岩坚固，耐风化侵蚀，厚度大，最后仍有巨大的石灰岩块体置于峰顶，这样就形成了崮状山峰。

⑬淮河流域在我国自然地理上处于什么位置？为什么说这个流域是孕灾地区？

淮河流域位于我国东部，地理位置在北纬 31～36 度、东经 112～121 度之间，处在我国南北气候过渡带。特殊的气候条件和地形地貌，使这里成为我国典型的孕灾地区，其中以洪涝灾害为突出代表。从气候条件来说，降水量的年内和年际分配不平衡，变化大，6～9 月份为多雨季节，即汛期，雨量占全年降水量的 60%～70%；由于淮河流域海岸线长达 500～600 公里，流域东西宽只有 600～700 公里，台风经常深入内陆以致全流域均受影响，而产生强降雨。从地形上看，淮河流域三面山区丘陵，平原面积大，众多支流源短流急，淮河干支流中下游及沂沭泗河中下游地势低洼，河道十分平缓，每遇降雨，洪水汇流中下游滞阻，引起洪涝灾害。所以说淮河流域是一孕灾地区。

⑭我国南北自然地理分界线为什么以淮河、秦岭山脉为界？

自古以来，淮河就是我国南北方的一条自然分界线。《晏子春秋》就有："橘生淮南则为橘，生于淮北则为枳"的记载。淮河以北属暖温带区，淮河以南属北亚热带区。降水量的分布由南向北递减,淮南与淮北降水量差别较大。南部大别山区最大,年平均降水量1 300～1 400毫米;北部黄河沿岸最小,仅600～700毫米。从人们的生活习惯上来看,淮河以南接近于南方,淮河以北则属于北方。在农作物的种植结构上,淮河以南以水稻为主,淮河以北以小麦为主。

⑮新中国成立后,我国短时最大降雨量记录发生在淮河流域何时、何地?它带来什么灾难?

1975年8月,受7503号台风影响,在淮河支流的洪汝河、沙颍河流域降特大暴雨。这次暴雨不但是淮河流域短时最大降雨量,而且还创下全国乃至世界最高纪录。大暴雨从8月4日开始到8日止,历时5天,雨量集中在5～7日三天,平均雨量达1 035.4毫米。河南省泌阳县林庄最大过程雨量达1 631.1毫米,其中5～7日三天雨量为1 605.3毫米,7日一天雨量为1 005.4毫米,最大6小时雨量达830.1毫米,创世界最高纪录。

这次特大暴雨,酿成了特大洪涝灾害,即"75.8"灾难,使新中国成立后,淮河流域第一批建成的板桥、石漫滩2座大型水库,田岗、竹沟2座中型水库以及58座小型水库垮坝失事;洪汝河、沙颍河等河道堤防决口2 180处,在东西长300公里、南北宽150公里的范围尽成泽国,平均水深达3～4米,京广铁路被冲毁102公里,中断运输48天,113万公顷耕地被淹,2.6万人丧生,大量水利、交通、通信设施被毁,大批工厂停产,直接经济损失近百亿元。

⑯淮河流域的年均降水量是多少,有何特点?

淮河流域年平均降水量880毫米,淮河水系多年平均降水量为 910 毫米，沂沭泗水系多年平均降水量为 836 毫米。降水量在地区上分布很不均匀，总的趋势是南部大，北部小，沿海大，内陆小，山丘区大于平原区。降水量的年内分配和年际分配也不平衡，一年之内，6～9 月份汛期，雨量占全年降水量的 60%～70%；年际之间变化也很大，多雨年与少雨年的年雨量比值可达 3～5 倍。

⑰历史上淮河流域有哪几种主要自然灾害，如今的状况如何？

淮河流域素以灾害闻名，历史上主要自然灾害有：洪、涝、旱、渍、盐碱、雹、台风、潮、蝗等灾害。由于淮河流域特殊的地理位置和气候条件，汛期降雨集中；整个流域三面山区，源短流急，淮河中游低洼，下游失去了直接入海的出路；又由于降雨时空分布不均，过去水利失修，蓄水工程稀少，因而洪涝灾害频繁，旱灾连年不断。沿淮和里下河地区地势低洼，长年深受渍害。黄河夺淮，造成淮北土壤盐碱化，农作物产量低。冰雹和台风作为一种气候灾害，在淮河流域一直时常发生。潮灾形成于风暴，过去苏北沿海海堤低矮，入海河流缺乏控制，一遇风暴，沿海地区海潮入侵成灾。历史上，由于洪水横流，灾害连年，沼泽地分布广，滋生蝗虫，经常为害。新中国成立后，经过以治淮为重点的大规模的水利建设，淮河流域大雨大灾，小雨小灾，无雨旱灾的局面有了基本改观，洪、涝、旱、渍灾虽然仍存在，但发生灾害的区域和次数大为减少，灾害程度也减轻。淮北地区经过治水改碱，基本消灭了盐碱地。现在气象预报的现代化，可以对冰雹和台风做好预防，减轻灾害损失。苏北沿海主要入海河流都在河口建立了控制闸，有效地防止了潮灾。蝗灾在流域范围基本绝迹。

⑱天堂寨是怎样一个"天堂"?

天堂寨古称多云山,元代以后义军聚寨屯兵,改称天堂寨。它地处大别山北坡,安徽省金寨县境内,东南与湖北省英山县接壤,西南与罗田毗邻,系淮阳古陆的前端,为秦岭褶皱带的延伸,长江和淮河的分水岭,西淠河发源于此。天堂寨海拔1 729.13米,为大别山主峰之一。这里山峰林立,云雾缭绕,给人以神秘感,龙潭飞瀑,虬松怪石亦蔚为奇观,分为水景、山景、石景、林景和涧景五类。春天,万木扶疏,置身绿叶红花之中,眼观山景云雾,耳听百鸟悦鸣,云海波涛,如置仙境;夏日空灵清新,溪流潺潺,清风拂面;秋季鲜花嫣紫,红叶缤纷,野果累累,煞是喜人;冬令瑞雪普盖,天地浑如一体,琼楼玉宇,山舞银蛇。

这里是植物王国,为原始次生天然林,有植物1 466种,其中国家级保护植物20多种。这里年降水量1 900~2 500毫米,而年蒸发量却只有1 020毫米,山有多高,水有多高,龙潭瀑布成群,特别是雨后飞瀑溅玉,蔚为奇观。由于林荫蔽日,峰高涧寒,堪称避暑胜地。这里是云的故乡,气象万千,变幻莫测,如置仙境。

⑲义阳三关在古代有什么军事价值?

义阳为今信阳的古称,义阳三关位于信阳市南部,桐柏山和大别山交会处。这里两山夹峙,形成了南北交通咽喉——武胜关、平靖关和九里关。三关之中,武胜关居中,左右相顾,尤为重要,古代称直辕,又名澧山关。秦始皇统一中国后改名武阳关,南宋又改为武胜关,两山夹峙的雄伟关隘,古诗"地展平坦分两界,天留锁钥壮中州",道出了此关的险峻。原来两山之间筑有城垣,城内有重兵把守。

平靖关在武胜关西,春秋战国时期称为冥扼关,又叫黾塞,是

天下有名的九塞之一，为“淮汉兵争要害”，关有大小二门，凿山开的通道长十余里，险峻异常，被称为“一线天”，

九里关在武胜关东，春秋时称大随关，后改为黄岘关，宋改为现名。史称“两山夹峙，一水中流”。

义阳三关地处南北要冲，自古为兵家必争之地，历史上打过许多著名战役。公元前506年，军事家孙武曾率领伍子胥和吴国的军队，由淮河西进，首先占据了三关，随后才攻占了楚国的郢都。南北朝时期，三关更成了魏和梁争夺的要地。南宋抗金英雄岳飞在这一带屯垦，并派名将牛皋镇守三关。唐末农民起义领袖王仙芝、黄巢，都曾占据三关，夺取义阳。太平天国起义军一路破三关，拟夺取信阳。北伐战争时这里也曾发生过激战，1938年10月日本侵略军曾进攻三关。所以三关在历史上具有非常重要的军事价值。

⑳淮河流域年日照多少小时，无霜期多少天？其极端气温多少，发生在什么地方？

淮河流域属于暖温带半湿润季风气候区，四季分明，春温多变，夏雨集中，雨热同季，秋高气爽，冬季干冷。年均日照2 027～2 661小时，北多南少；平原多山区少；夏季最多，春秋季节次之，冬季最少。年平均无霜期为214天。淮河流域极端最高气温为44℃，1933年7月16日发生在河南省鲁山县；极端最低气温为-24℃，1969年2月5日发生在安徽省涡阳县。

㉑淮河流域名泉知多少？

淮河流域温泉众多，比较著名的有：

汤泉池，位于河南省商城县城十几公里处的灌河边上，闻名遐

迩。该泉出口水温 85℃，气泡滚滚，像开水沸腾，水质清澈透明，冬日蒸气弥漫。70 年代修建鲇鱼山水库时以温泉为库区，采取了保泉措施，在泉口修建保温提水塔，高出库水面，把泉水送到岸边浴池。在此洗浴，泉水对人体有关疾病有着特殊的疗效。

颍谷珍珠泉，它是颍河三个较大的源头之一，位于河南省登封县。这里群山环抱，中间为一块盆地，谷底到处泉水喷涌，四周林木葱郁。

白乳泉，位于淮河中游北岸安徽省怀远县荆山北麓，在古榆树下，有一石泉，四时不竭。相传唐德宗贞元年间，泉眼中曾流出一只白龟，故名白龟泉。大诗人苏轼曾携子来此游览，见泉水奇特，誉为“天下第七泉”，并写下诗句。又因泉水含有矿物质，色白如牛乳，浓冽甘美，后易名为白乳泉，郭沫若同志题写泉名。用该泉水烹茶煮茗，风味甚佳。

泗水泉林，位于山东省泗水城东 25 公里处的陪尾山，是泗河的发源地。据《泗水县志》记载：“大泉五十有四，小泉不可胜数”。最负盛名的有：洗钵泉、天井泉、双睛泉、涌珠泉、繁星泉、双石缝泉、响水泉、红石泉、珍珠泉、黑虎泉、趵突泉等。泉林泉群具有独特的泉水景观和引人入胜的名胜古迹，它水量充沛，水质优良，水温恒定。据地质考察，泉林地下有很厚的透水层，80 米以下又有 8 米厚的蓄水层。当地下水沿着水脉向北流动的时候，受到第三纪岩性强的砂岩阻挡，经挤压夺隙而出，使这里泉眼如林。其中较大的四个泉为红石泉、珍珠泉、趵突泉、黑虎泉。“四泉俱守，因以为名。”泗水和泗河的名称就来源于此。

㉒淮河流域有哪两个水帘洞？它们有些什么传说？

在淮河的源头处，河南省桐柏县城西南有一淮河支流，水从

40 多米高的悬崖上飞流而下，跌入深潭。悬崖下面的峭壁上有一石洞，洞口被瀑布掩遮，当地人称为“水帘洞”。气势十分壮观，水帘洞外，游人不断。瀑布东边的山坡上有一石径，拾阶而上可至石洞里面。站在洞口，飞帘如雪；俯视深潭，水雾茫茫，颇有超世脱俗、飘然欲飞的感觉。在这里流传着大禹降伏无支祁的故事，传说桐柏山过去常有水妖兴风作浪，大禹决定出兵讨伐，最终捉住一个叫无支祁的妖怪，并把它锁于深井之下。禹王降伏无支祁的故事，经明代吴承恩的演化，无支祁成了《西游记》中的孙悟空。此处“水帘洞”即为孙悟空和群猴的栖息处。

另一个水帘洞在江苏连云港云台山南部的花果山，这个水帘洞名扬中外，它的神话色彩更为浓厚，几乎成了古典名著《西游记》创作的原型。水帘洞是花果山极具特色的胜景之一。传说吴承恩特别喜欢水帘洞，他在花果山经过三年笔耕，写出两部志怪小说，一部是《西游记》，一部是《禹鼎志》。山上的群猴为了让《西游记》传播天下，趁吴承恩酒醉酣睡之际，将他的狼毫和《禹鼎志》搬走，抛到高公岛的山湾里，化作青石“文笔峰”和石崖“万卷书”。

㉓洪泽湖为什么也可称为水库？

现在洪泽湖是淮河干流大型洪水控制枢纽。湖区东岸从淮阴县的老堤头到盱眙县张庄高地是著名的洪泽湖大堤，全长 67.25 公里，堤高 19 米，其余三面皆为天然湖岸。故洪泽湖大堤的修筑是洪泽湖形成必不可少的条件，大堤的前身称为高家堰。高家堰的形成及演变与黄河长期夺淮是分不开的，后经多次维修加固，逐渐成为蓄水堤坝。在新中国治淮建设中整治了洪泽湖，修筑了三河闸、二河闸等控制工程，实现人工控制湖水位。1991 年大水后，再次加固了洪泽湖大堤和三河闸等工程，如今洪泽湖成为调节淮河中下游防洪和提供水资源的控制工程。从洪泽湖拥有的蓄水大堤和调节水位的控制工程，以及所发挥的作用来看，洪泽湖与通常意义上的水库工程具有同样的功能。因此，洪泽湖也可被称为水库。

㉔淮河“三峡”的自然和人文景观如何？

淮河干流上的“三峡”为：峡山口、荆山峡和浮山峡。

峡山口，古代又称峡石口，在凤台县城西南约5公里处。淮水从西而来，至寿县城北，为八公山阻隔，急转北上，穿过峡口，猛然转弯又折向东流，原来峡宽仅400米。1991年实施拓宽工程，向左岸拓宽200米。相传这里原是八公山中一座山峰，大禹治水时，因山阻水，遂以神斧劈开。峡口的东岸为霸王山，形似被截去的半个馒头，似铁浇铜铸，岿然屹立。峡口的西岸为禹王山，山势高大险陡，日风月化，岩石多呈赤赭页片，触之易溃。两山夹峙，急流旋涡，往返舟船，经过此处，都要百倍小心。这里一直是据险屯兵之处，史书上称为“长淮津要”，历史上战争不息。西峡石顶建有“慰农亭”，古朴雅致。峡口拓宽后，该亭被保留下来，位于水中。

荆山峡，又称梅谷或断梅谷，位于怀远县城东南1公里。峡口的北岸为荆山，南岸为涂山，两山相距1里有许，山石多为白色花岗岩，两山陡立，紧锁河道，形成了淮河上第二个峡口。怀远在远古时代，为涂山氏古国，相传大禹治水至涂山时，娶涂山氏女娇为妻，婚后四天，大禹就告别了新妇，踏上治水的征途。据《史记》记载，禹“居外十三年，过家门不敢入”。涂山氏女娇，时时挂记着夫君的寒暖，常常立于山顶，眺望大禹的行踪，天长日久，化为一块巨石，立于涂山，后人称之为“望夫石”。大禹治水成功后，曾大会诸侯于涂山，这里有关大禹治水的神话故事广为流传。人们为了纪念大禹的功绩，在涂山顶上建有禹王庙。世世代代人民为了表达对大禹的感激和思念，每年农历三月十五和三月二十八在荆涂二山上举行庙会，接连数日不散。

浮山峡，位于五河县城以东约 15 公里的皖苏交界处，这里两片山岭绵延于淮河两岸，构成淮河第三道峡口。南岸为浮山，山石系赭红色砾岩，北岸为潼河山，西山相距 1 500 多米。据《太平寰宇记》中记载，“山下有穴，淮水泛滥时，其穴即高；水减时，其穴即低，其穴似浮，故名浮山。”在浮山口的西北方，有浍河、沱河、漴河等支流汇入淮河，并形成香涧湖、沱湖和天井湖等湖泊洼地。过去站在浮山之上可以看到县城，也可以看到五条河。所以，这里有句民谣：“登浮山，望五河，五河五条河，淮、浍、漴、潼、沱。”据史书记载，“浮山峰势标奇耸秀，襟淮带潼，捍塞水门，关锁风气，实为五河之要隘。”是古代屯兵用武之地。南北朝时期，梁、魏对峙，公元 515 年，梁武帝萧衍听从了北魏降将王足的意见，阻断淮河，令淮水倒灌，淹没寿阳以攻魏军，在浮山峡筑浮山堰。正当坝堰即将合龙之际，由于淮河陡涨，全部工程被激流冲溃。为了修筑这座浮山堰，沿淮大地的树木几乎被砍光，石料几乎被采尽，仅仅一年工夫，20 余万役夫、士兵当中有 80％左右断送了性命。

㉕嵩山为什么被定为中岳？

嵩山处在伏牛山脉，其主峰在河南登封县西北，由太室山 1 440米和少室山 1 512 米组成。东西绵延 60 余公里。夏禹时称嵩高、崇山，商汤时称嵩高，西周时称岳山，东周始定嵩高为中岳，五代以后称中岳嵩山。这里山峦起伏，峻峰奇异。历史上根据山峰坐落方位、形状外貌和名人遗迹等，分为 72 峰。嵩顶又名峻极峰，是嵩山的最高峰，古有“嵩高峻极”和“峻极天下”之说。站在峰顶极目远眺，北望黄河，明灭一线；鸟瞰山麓，名胜古迹星罗棋布。

所以，自古以来把嵩山和泰山、华山、衡山、恒山称为五岳。史载尧时命羲和氏的儿子分别管理四岳。所谓的“四岳”不是山名，而是主管方岳的官吏的职称。舜时主管方岳官吏的职称和所在的地方名山的名字开始统一。天子巡狩某地，主管方岳的官吏就要在驻地选择一个适宜放火发信号的高山，以便召集诸侯。于是最早用来召集诸侯的几座大山，就成了岳官的首府，岳这个官名就逐渐地和岳官驻地的山名统一起来。据《尚书》记载，舜曾用一年的时间巡狩四岳，即东岳泰山，南岳衡山，西岳华山，北岳恒山，这就决定了四岳的地理位置，而中岳历来归天子直接管辖。五岳的东西南北中的区分，主要是由当时历史和地理条件决定的。五岳被神化，是从汉武帝开始的。后来历代帝王仿效汉武帝不断进行封禅，给五岳留下了众多的人文遗迹，使五岳既有天地造化之自然神秀，又有巧夺天工之艺术雕琢，因而成了中外游人所向往的游览胜地。

㉖鸡公山为什么被定为国家森林公园和避暑胜地?

鸡公山位于河南省信阳市南35公里，豫鄂两省交界处的大别山中，方圆约50公里。主峰报晓峰，俗称鸡头石或鸡公头，两侧有灵华山和长岭，宛如雄鸡的两翼。峰之左右，峭壁幽谷，酷似鸡爪。整个山形如雄鸡引颈报晓，矫健矗立于群山之中。

鸡公山周围山峦起伏，奇峰异石，千姿百态，深谷幽溪，流水潺潺；苍松翠柏铺遍山岗，草木花卉长满群山。春来百花争艳，夏季秀木繁荫，秋天红叶似火，冬到松竹长青，一年四季奇景不断。更兼数百幢外国式建筑，风格各异，朱栏绿树交相辉映。特别是这里四季常见云起云飞，层层山峦如披轻纱，袅娜多姿。因此，这里被定为国家森林公园。

鸡公山气候受淮河流域和长江流域的交叉影响，雨量充沛，气候凉爽。山上云雾缭绕，泉水清澈，又有茂密的林冠覆盖，盛夏气温一般在23摄氏度左右。“三伏炎热人欲死，到此清凉顿疑仙”，就是古人对山上清爽气候的赞美。解放前，中外达官贵人纷纷来此购山租地盖别墅避暑，峭峰下，密林里，泉溪边，布满了各式亭台楼阁，多时达200多处，成为中外著名的避暑胜地。

㉗淮河流域东临黄海，沿海滩涂有多大，是怎样形成的，有什么开发价值？

淮河流域滩涂分布在苏北沿海，总面积6 000多平方公里，居全国沿海各省、市之首。它的形成是由于大江大河从江苏入海，特别是黄河夺淮近700年，携带的巨量泥沙在河口及沿海岸外堆积不断，淤积成江淮下游大片滨海平原和沿海滩涂。沿海滩涂主要分布在灌云、响水、滨海、阜宁、射阳、大丰、东台、如东等县。公元12世纪以前，苏北海岸曾长期相对稳定于赣榆、板浦、阜宁、盐城至海安一线，北宋范仲淹发起修建“范公堤”，该堤以东悉为沧海。黄河夺淮于云梯关入海，黄河挟带的泥沙使黄河河口向东推进达90公里，塑造了北达灌河、南抵射阳河口的黄河三角洲，并在三角洲的两翼形成了北连赣榆沙质滩脊海岸、南接长江三角洲的广阔滨海平原，使苏北海岸向海拓展60公里左右。

苏北沿海滩涂面积巨大，是江苏省最大的一块后备土地资源。这里生物资源丰富，有陆上脊椎动物146种，野生植物众多，潮间带动物198种。中小渔港遍及沿海各县、市，重要商港有连云港、燕尾港、陈家港等。旅游资源、能源、矿产资源丰富。这里地处流域下游，入海水量多年平均297.6亿立方米。沿海滩涂开发利用的历史源远流长。古代的海盐生产,不仅为国家提供了重要的生活物资和财政来源,而且推动了沿海地区人口集聚,土地开发,城镇崛起。新中国成立之后,在全面规划、综合治理的基础上,对滩涂资源进行了卓有成效的综合开发,特别是改革开放以来,科学调查,综合规划,向着商品生产和出口创汇基地建设发展。

㉘淮河流域喀斯特溶洞有哪些?

淮河流域喀斯特溶洞稀少,已知的较有名的是安徽凤阳县的韭山洞和禅窟洞。

韭山洞,位于凤阳县城南约 30 公里的凤阳山主峰老韭山东麓,洞口处于崇山峻岭之间,悬崖峭壁之上,洞深 897 米。相传韭山仙人在此修行,故又名仙人洞。韭山洞堪称洞之世界,在这个喀斯特溶洞里,不同的地质年代地下浸蚀面积大小不等,洞的形状各异,有的高达数十米,阔达百余米;有的则只可容单人通行。洞中有洞,各种石笋、石钟乳、石幔等千姿百态,美不胜数。

禅窟洞,位于凤阳县南,与韭山洞相距十几公里。在崇山峻岭中有一古寺——禅窟寺,该寺已有 2 000 多年历史,北宋年间,苏东坡途经此地,赐名"禅窟寺"。在寺庙的后面便是著名的禅窟洞,此洞洞口狭小,洞内豁然开朗,为喀斯特溶洞。该洞长年恒温,湿度大;炎热夏天一入此洞,顿感寒气袭人,水气弥漫,让人不敢久留。

㉙1938 年黄河再次南泛淮河流域,形成的黄泛区包括哪几个省的多少个县(市)? 自然景观变化如何?

1938 年 6 月 9 日,国民党政府为阻止日寇西侵,制造了震惊中外的黄河郑州花园口决口事件,汹涌的黄河水居高临下,一泻千里。黄河水沿着贾鲁河、颍河、涡河等河道向东南奔流,平地漫溢,然后在正阳关至怀远倾注于淮河干流。黄河水入淮后,又横溢两岸,造成水灾,主流经洪泽湖、高宝湖以及废黄河流入江海。

这次黄河南泛,在淮河流域的黄泛区包括豫、皖、苏三省,共44个县(市)5.4万平方公里,1 200多万人流离失所,89万多人葬身洪流,造成惨绝人寰的大悲剧。

黄泛9年,豫东受害最为残烈,后来习惯上把豫东灾区称作黄泛区。这里被淤上一层厚厚的泥沙,荒野茫茫,沙丘起伏,气候非常恶劣。每年冬春,风起沙飞,连天蔽日;十日不雨,黄尘滚滚,整个地表赤裸裸地暴露在光天化日之下,赤地千里;夏日常有龙卷风平地而起,像原子弹爆炸时的蘑菇云,直冲云霄,横行荒原。黄泛区人民饱尝了大自然的严酷。

新中国成立后,在党的领导下,黄泛区人民开展了大规模的恢复水系、治沙整地、植树造林和农田水利建设,制服了风沙,绿化了大地。如今黄泛区“田成方,林成网,棉花缀白云,沙海变粮仓”,成为我国平原绿化的先进典型。

㉚淮河水系呈什么形状,为什么?

淮河水系呈一个不对称的羽状。千里淮河滚滚东流,在其上中游有众多的支流汇入。上游的支流,均发源于桐柏山、大别山,大都从南岸以近平行的流向自西南向东北汇入淮河干流,如浉河、小潢河、竹竿河、寨河、潢河、白鹭河等。淮河中游,淮河北岸与黄河南堤之间是一个地面向东南倾斜的平原,洪汝河、沙颍河、西淝河、涡河、包浍河等支流都沿着这个倾斜面流向淮河,除洪汝河和沙颍河发源于伏牛山外,其余大都发源于黄河南堤下,呈东南向平行注入淮河。中游南岸，主要支流有史灌河、淠河、东淝、池河等，长度比北岸支流短，呈东北方向汇入淮河。如此就形成了一个不对称的羽状水系。

㉛洪泽湖的集水面积是多少，在我国五大淡水湖中排第几位？注入洪泽湖的河流有哪几条？

洪泽湖的集水面积为 16 万平方公里，在我国五大淡水湖中排居第 4 位。注入洪泽湖的河流有：淮河、潆潼河、新汴河、濉河、徐洪河、怀洪新河、安河、池河等。淮河是入湖的最大河流和水量的补给源，淮河的来水量占入湖总水量的 70%以上。

㉜为什么要开挖苏北灌溉总渠？它的作用是什么？

苏北灌溉总渠是淮河流域新中国成立初期开挖的人工入海水道工程，全长 168 公里。其作用是，不仅能从洪泽湖引出 500 立方米每秒的水，灌溉两岸几十万公顷农田，而且还可以宣泄 800～1 000立方米每秒的淮河洪水直接入海。这对于减轻苏北地区的水旱灾害，发展苏北地区的经济都起着非常重要的作用。

㉝说出废黄河的起止点及全长是多少？

废黄河（又称黄河的故道）是历史上黄河长期夺泗、夺淮入海留下的故道，西起河南省兰考县（右岸三义寨、左岸东坝头），向东偏南行经兰考和民权北部，宁陵、商丘、虞城北界，山东省东明、曹县、单县南界，流入安徽省砀山县、萧县，江苏省丰县、铜山县边界进入铜山县境，再向东南经徐州市区，又入铜山县境，再东南至睢宁经宿迁、泗阳、淮阴，转东北入淮安、涟水、阜宁、响水、滨海等县市，于套子口入黄海。废黄河全长728.3公里。

㉞鲁西的南四湖和北五湖各指的是哪些湖？这些湖是怎样形成的？

南四湖是指南阳湖、独山湖、昭阳湖和微山湖四个相连湖泊。北五湖是指安山湖、马踏湖、蜀山湖、南旺湖和马场湖。

南四湖的形成与地质条件和黄河夺淮有关。据地质部遥感中心分析，自第四纪以来，南四湖区一直处在强烈下降过程，湖东山区处于相对上升时期，因此，鲁西南平原的山前地带形成了凹陷的地质条件，加上全新世以来黄河冲积扇的不断向东推进和扩大就形成了一片洼地。

公元1194年，黄河夺泗入淮后，黄河水和泗水在徐州以下受阻，就在鲁西南洼地滞蓄成湖。昭阳湖成湖于元代；南阳湖成湖于明代初年；微山湖成湖于明弘治至嘉靖年间；独山湖成湖最晚，在清代雍正年间才逐步形成。

北五湖的形成和演变也与黄河夺淮有关。在宋代以前，南旺湖是梁山泊的一部分，亦名张泽泺，南宋以后，由于受黄泛影响，梁山泊逐渐淤垫，南旺湖残存。元代开挖济州河，以通漕运，济州河穿南旺湖而过，把南旺湖分为东西两湖。明永乐年间疏浚会通河，引汶水至南旺济运，把南旺东湖一分为二，小汶河以北称马踏湖，小汶河以南称蜀山湖，从此，南旺西湖就独享南旺湖之名。明嘉靖十四年(公元1535年)，筑南旺湖堤，而蜀山湖容纳不了的汶水下泄至济宁以西，沿运河洼地滞蓄成湖，因原洼地是养马草场，故名马场湖。

安山湖的形成，与元代开挖会通河有关。为了保证运河水位，元代实行引汶济运，截断古济水，使古济水与汶水下游的大清河洪水出路受阻而屯蓄于安山脚下的古河床洼地，形成湖泊，故名安山湖。

清代末年漕运停止，鲁西南运河弃置不用，使原来地势较高蓄水济运的北五湖逐渐涸复为田。

㉟淮河流域有哪些较大湖泊？其中哪三个最大？

淮河流域现较大湖泊有：洪泽湖、高邮湖、骆马湖、邵伯湖、白马湖、成子湖、城西湖、城东湖、瓦埠湖等。其中，最大的三个湖泊是：洪泽湖、南四湖、骆马湖。洪泽湖面积 2 068.9 平方公里，在我国淡水湖泊中排行第 4 位；南四湖面积 1 097.6 平方公里，在我国淡水湖泊中排行第 9 位；骆马湖面积为 433 平方公里。

㊱唐宋时期，淮河的入海口在什么地方？

唐宋时期，淮河干流经盱眙后折向东北，经淮阴向东至今涟水县的云梯关入海。据古文献记载，那时海潮可以上溯至盱眙河段。据光绪《阜宁县志》记载：自黄河夺淮，合流入海，由于沙淤河床弯曲成大套十多个，形若云梯，遂名云梯关。可见云梯关之名与黄河夺淮有关。

㊲淮河为什么由独流入海改道入长江？

黄河夺淮以后，使淮河下游故道淤积成地上河，淮河洪水不得不另寻出路。明代采取所谓“蓄清刷黄”的治理方针，将淮河洪水拦蓄在洪泽湖里，出清口，冲刷黄河浑水，防止黄淮交汇的清口段运河淤塞、漕运受阻。由于黄强淮弱，淮水抵不过黄水，到了清咸丰元年(公元1851年)夏，洪泽湖水盛涨，冲毁了洪泽湖大堤南端的溢流坝——礼河坝，使淮水沿三河(礼坝)入高邮湖，经邵伯湖及里运河入长江，从此淮河干流由独流入海改道入长江。

㊳淮河水系的最大支流是哪条，流域面积是多少？

淮河水系最大的支流是沙颍河。流域面积为36 641平方公里。

㊴淮河流域水系较多。你知道面积大于1 000平方公里的一级支流有多少条吗？

淮河流域水系面积大于1 000平方公里以上的一级支流有21条。淮河南岸较大支流有浉河、史河、淠河、竹竿河、东淝河、池河、白露河，淮河北岸较大支流有沙颍河、洪汝河、西淝河、涡河、沱河、漴潼河、新汴河、奎濉河、安河、北淝河、包浍河、泗河、沂河、沭河。

㊵你知道泗河为什么由长变短吗？

泗河古称泗水，古泗水是淮河下游最大的支流，也是沟通黄淮的航道。据《兖州府志》记载："泗水出泗水县城东五十里陪尾山之阳"，流经鲁、皖、苏三省12个县，于今淮阴市注入淮河。据估算古代泗水总长约850公里，流域面积约为75 800平方公里。12世纪以后，黄河南泛，夺泗水注淮，泗河下游徐州至淮阴段长期被黄河侵占。明万历六年(公元1578年)，为保证漕运畅通和祖陵安全，河总潘季驯推行"束水攻沙"治水方针，固定河槽，使泗水从徐州至淮阴段长期被黄河侵占，河床逐渐淤积，水位抬高，泗水逐渐失去出路，上中游的来水逐渐滞蓄在济宁至徐州之间河道两侧的洼地里，形成南四湖，其间左、右支流变成南四湖支流。古泗水仅剩自源头至鲁桥的一段河道，即今日泗河。现在泗河长度仅有 159 公里，流域面积只有 2 338 平方公里。

㊶淮河干流中下游河床为什么出现倒比降？

淮河干流中下游河床形成倒比降，是由自然灾害和人为多种原因造成的，但其最主要的原因还是黄河夺淮。

从南宋开始，黄河南侵夺淮，由于黄河泥沙历年的淤积，垫高河床，不仅淮北的支流被淤废改道，而且更为严重的是把淮阴以下深广的淮河河道淤成“地上河”。由于黄强淮弱，黄高淮低，淮河和沂、沭、泗水的排水出路受阻，终于在江苏省盱眙和淮阴之间的低洼地带，逐渐形成了洪泽湖。淮河下游故道被淤成地上河后，淮河洪水被拦蓄在洪泽湖里，把泥沙淤积在湖内，逐渐抬高了水位。由于淮河洪水较为频繁，中游段河床比降又小，常年积淤只增不减。据测知，目前淮河下游江苏省的洪泽湖湖底高程为 10～11 米，比淮河中游的蚌埠河底高程高出 2 米，形成了倒比降。这就使淮河中下游的河床出现了倒比降。

㊷ 淮河流域省际边界长度是多少，涉及多少省、市（地）、县？流域面积大于 20 平方公里的河道有多少条？处理这些边界小河水利矛盾的方针是什么？

淮河流域内有鄂豫、豫鲁、豫皖、皖鲁、皖苏、苏鲁等六条省际边界线，总长约 3 000 公里，共涉及到 5 省、26 个地（市）、70 个县（市、郊区）。流域面积在 20 平方公里以上的河道 169 条。漫长的省际边界和众多的跨省河道，是产生水事矛盾的根源。党中央和国务院为了妥善处理水事纠纷，建立边界地区正常秩序，促进团结治水，保障地区经济建设顺利发展，国家制定了“预防为主，防治结合”、“统一规划，统一治理”、“团结治水，共同协商”等处理边界小河水利矛盾的方针。

㊸淮河流域多年平均水资源总量是多少？地表水和地下水各占多少？

淮河流域多年平均水资源总量为 754 亿立方米，其中地表水 621 亿立方米，地下水 133 亿立方米。地表水人均是 411 立方米，每公顷平均为 5 085 立方米；不足全国人均、每公顷平均占有水量的 1/5，是我国缺水地区之一。最旱年份(1965～1966 年)地表水资源量仅 184 亿立方米。目前，淮河流域各类水资源工程的总供水能力约 500 亿立方米。

㊹淮河汛期的“七下八上”指的是什么？

淮河是我国南北方的自然分界线，淮河流域受季风影响明显，降水量在年内分配和年际分配不平衡，一年之内，6～9 月为多雨季节，称为汛期，淮河洪水主要来自暴雨，大暴雨集中在 7～8 月。淮河南岸支流，一般从 6 月开始涨水，淮河北岸支流则推迟到 7 月上旬，由于淮南和淮北洪水在干流交汇，因此，淮河干流中游常在 7 月下旬和 8 月上旬出现洪水的最高峰，所以“七下八上”指的是汛期洪水高峰期的时间。

淮河300问

历史文化篇

❶淮河流域最早的古猿化石是在哪里发现的?

1978年冬天,在江苏省泗洪县天岗湖乡松林庄发掘出一颗双沟醉猿臼齿;1981年又出土30多颗江淮宽齿猿臼齿化石;1984年又发掘一块有3颗牙的古猿牙床。

松林庄出土的这些古猿化石,经中国科学院古人类研究所和美国、法国、德国考古专家鉴定,确认是距今1 200万～2 000万年的中新世时期的灵长类动物化石。上述三种古猿化石,一种定名为“江淮宽齿猿”,1984年发掘的古猿下牙床,定名为“江苏古猿泗洪种”,还有一种暂未定名。这些古猿化石是继云南开远古猿和禄丰古猿之后的第三次重大发现。松林庄古猿的发现,将给我国古人类进化研究提供新的资料。因此,泗洪县松林庄被中外考古学家称为古生物宝库。

❷淮河流域最早的古人类文化遗址是在哪里发现的,距今多少万年?

淮河流域最早的古人类活动,根据现有的地下发掘资料,按照考古学的习惯,要算山东省的“沂源人”。沂源人是由1981年在沂河上游沂源县骑马鞍山的一个石灰岩裂隙中发现猿人化石而得名。这次发掘的猿人化石计有:一块头盖骨(包括大部分顶骨、部分枕骨、额骨),六颗牙齿,一块肱骨,一块股骨,一块肋骨,两块眉骨。另外,还发现了大量哺乳动物化石,计有肿骨鹿、李氏野猪,梅氏犀牛、马、熊、鬣狗、虎、巨河狸等十数种。经古人类专家对猿人化石从颜色、牙齿的磨蚀程度和不同的出土地点等研究论证,认为它们可能是两个成年猿人的骨骼。从眉骨的粗壮程度和牙齿的原始性质分析,与北京人在体质上极为相似,而他猎获对象中的肿骨鹿、李氏野猪、巨河狸等,又恰恰是北京猿人动物群中的常见动物。

沂源人与北京人,同属一时代的人,距今已有四五十万年。

除此以外,在山东省沂源县奥陶石灰岩中,还发现一处洞穴遗址,在河南省颍河上发现许昌灵井遗址,在江苏省淮河中游发现泗洪县下草湾遗址,沭河下游连云港桃花涧等旧石器文化遗址,距今均在1万年以上。淮河流域先民们在这块土地上和树林中,捕获野兽,采集植物果实和根茎,从事原始而又伟大的劳动,将人和猿区别开来,进一步促进人类体质的发展,直到变成今天的现代人。

❸ 淮河流域先后发掘了哪些新石器文化遗址?

淮河流域经历了古人类活动阶段,在距今1万年之后,进入了新石器时代,现已发现散布在淮河流域各地的新石器文化遗址就有100多处。其中1977~1979年在河南省新郑县3次发掘的裴李岗文化遗址,根据出土的器物测定,距今已8 000年左右,早于仰韶文化1 000多年,填补了我国新石器时代仰韶文化前期空白。1996年在安徽省蚌埠市郊双墩小面积试挖一处,反映淮河中游渔猎经济特征的新石器早期遗址,距今约7 000年。在山东省滕县发掘了北辛文化遗址,距今7 000~6 000年,正处于以原始农业为主兼营渔猎的母系氏族社会阶段。1951年首次在淮河下游江苏省淮安市宋集乡发掘的青莲岗文化遗址,距今约5 000年,已有了原始农业、渔业、畜牧业、纺织和手工业,正处于母系氏族向父系氏族过渡的阶段。

当人类社会进入了大汶口和龙山文化阶段时,淮河流域的人类活动更为昌盛。先后在山东的曲阜、邹县、济宁、泗水、莒县、临沂、日照、郯城,江苏的邳县、东海、赣榆、连云港,安徽的萧县、蒙城等地,均发掘有大汶口文化遗址,其中以1989年在蒙城县东北许町镇发掘的尉迟寺文化遗址最负盛名。出土了1万多件器物,被誉为“中国原始第一村”。在淮河流域发掘的龙山文化聚落遗址，几乎覆盖了整个山麓、平原、沿海，其中以山东日照发掘的薄如蛋壳的精美黑陶最为珍贵，在河南省淮阳县发掘的平粮台文化古城遗址，约相当于鲧所处的时代，可能系“鲧作城廓”留下的遗址。在安徽省蚌埠市郊涂山脚下，多处发掘的遗址遗物，约相当于禹会诸侯的时代，可能为涂山氏国部落遗址。这时，原始社会已开始解体，人类社会正迎来了文明曙光。

❹淮河流域氏族部落祖先是哪个？有什么传说和名胜古迹？

在我国古代传说中，三皇之首的太昊，号伏羲氏，又称包牺氏。《左传》昭公十七年载：“陈，太昊之虚也。”陈在今河南省淮阳县，地处淮河流域，据郭沫若等历史学家研究认为伏羲氏为淮河流域夷人氏族部落的祖先。《易·系辞传》上说：“古者包牺氏之王天下，仰则观象于天，俯则观法于地，观鸟兽之文与地之宜，近取诸身，远取诸物；于是始作《八卦》，以通神明之德，以类万物之情。作结绳而为网罟，以佃以渔，盖取诸离。”《中华五千年》一书中，称伏羲氏为“作八卦”、“作结绳易为网”的大发明家。《通鉴外纪》记载：“上古男女无别，太昊始制嫁娶。”传说他的妻子就是女娲氏。女娲氏手拿矩尺，炼石补天，积芦灰以止淫雨，是我国远古第一位治水英雄。我们将这些神话传说与考古材料印证，太昊之时，正是从母系氏族制社会向父系氏族制社会转变时期。

如今，在淮阳县北 1.5 公里处，仍有太昊陵墓等古代建筑。据文献记载，春秋时已有陵墓，汉代在陵前建祠。宋太祖诏立陵庙，又大事建筑。明、清两代屡加修葺。整个陵城占地 30 余公顷，分内外两城。以陵墓为中轴线，由南向北依次是午朝门、玉带桥、道仪门、先天门、太极门、统天殿、显仁殿、太始门等建筑。太极门以内两侧有钟鼓楼等。内外城之间,左侧有女娲观、玉皇观、三仙观,右侧有岳王观、真武观、太清观。统天殿飞檐挑角,滚龙舞凤,殿内有一尊高丈余的伏羲塑像,手捧八卦,身披兽皮,袒腹露胸,散发赤脚,神态活现。左右有神农、黄帝、少昊、颛顼的塑像。屋檐凌空的显仁殿后,有八角竞飞的转厢楼,楼后便是太昊伏羲氏的陵墓。陵高20余米,周长150余米,陵前巨碑上镌"太昊伏羲之墓"。整个陵园劲松参天,古柏叠翠,殿宇巍峨,伟哉壮观。

⑤传说中的蚩尤是什么氏族的首领?他与炎黄氏族发生什么战争?

我国远古时代,传说中的蚩尤,或说是颛顼、祝融、帝喾,是东夷氏族部落的首领。东夷人有9个部落,又称九黎族,有81个氏族,又说蚩尤有"兄弟八十一人"。他们居住活动的地区,大约北自今山东南部,极盛时可能达到山东北部,西至今河南东部,西南至河南南部,南下达今安徽中部,东面一直到海边。这些地区多位于淮河中下游,其中沿淮两岸的东夷人又称淮夷。《说文解字》上说:"夷,从大从弓,东方之人也。"那时夷人个子大,又善射,因之势力大振。蚩尤从东向西发展,北部炎帝族向中部推进,双方发生了矛盾冲突。蚩尤与炎帝的一支共工发生激战。蚩尤攻占了共工的地盘,共工火了。据《淮南子·天文》记载:共工"怒而触不周之山,天柱折,地维绝。天倾西北,故日月星辰移焉;地不满东南,故水潦尘埃移焉。"炎帝被迫逃往涿鹿(今河北省怀来县或涿鹿县)。后来炎帝族与黄帝族结成联盟,共同对抗东夷九黎族,黄帝与蚩尤战于涿鹿,史书上称为"涿鹿之战"。经过激烈战斗,蚩尤战败身亡,其东夷九黎族,一部分加入炎、黄族,互相融合,成为华夏族的组成部分,一部分南下到达后来的荆楚地方,和苗蛮集团居住在一起,成为尔后荆楚文化的开创者之一。

❻传说中的我国民族社会分为几大集团?各大集团在淮河流域分布活动如何?

传说中的远古时代,我国民族社会分为华夏、东夷、苗蛮三大集团。华夏集团是中华民族的发祥地,其氏族部落最有名气的代表人物有炎帝和黄帝,世称炎黄二帝,为我国汉族的始祖。这两个氏族部落原来最早活动地区都在陕西,后来双双都向东迁,最后到了河南的西北部和山东的西部,成为中原地区的最大氏族集团。由于这个集团力量比较大,文化又比较高,年深日久,成为中原文化的代表。东夷集团是我国东部的氏族部落,其活动地区西至河南东部,南至安徽中部,东至山东东北部、江苏北部,直至海边。东夷集团氏族部落的首领,先后有太昊、少昊和蚩尤。太昊即传说中的伏羲氏,活动地区在今河南省淮阳。少昊活动地区在今山东省曲阜市。蚩尤活动地区在今山东省东部。苗蛮集团是我国南方长江流域的氏族部落,其氏族部落首领,先后有祝融、驩兜、三苗氏等,以后他们的势力扩展到淮河以南的广大地区。

淮河流域地处三大氏族集团之间,有其特殊的地理位置。徐旭生教授在《中国古史的传说》一书中,认定今河南省淮河以北邻近黄河的地区为华夏氏族集团;淮河以南的豫南和皖西南大部分地区属苗蛮集团;其余地区均属东夷集团,其中淮河中下游沿岸地区又称淮夷,属东夷集团的分支。这三大集团在漫长的历史岁月中,互相往来,更由于连年战争,逐步融合,共同创造了中华民族的灿烂文化。三大集团活动地域,详见徐氏所绘的下图。

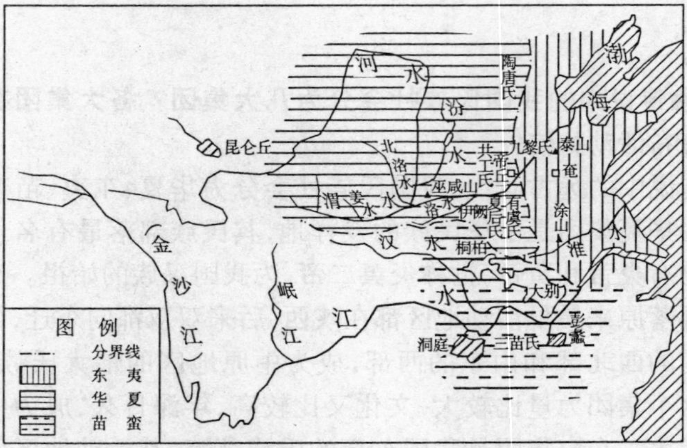

❼东夷氏族部落信奉何种“图腾”？它与北方炎黄族有何不同？

东夷氏族部落多以鸟为图腾，其中尤以居住在今山东省曲阜市周围的少昊氏族部落最为突出。少昊氏族均以鸟命名，有凤鸟氏、玄鸟氏、伯赵氏、青鸟氏、丹鸟氏、祝鸠氏、鴡鸠氏、鳲鸠氏、爽鸠氏、鹘鸠氏，还有“五雉”和“九扈”等，共 24 种，是 24 个氏族，合起来就是一个完整的部落。这个部落还“以鸟名官”，如以凤鸟氏担任“历正”，下属四官：玄鸟氏司分，玄鸟就是燕子，春分来，秋分去；伯赵氏司至，伯赵就是伯劳，夏至鸣，冬至止；青鸟氏司启，青鸟就是鸧鷃，立春鸣，立夏止；丹鸟氏司闭，丹鸟就是鷩雉，立秋来，立冬去。这虽不是十分科学的节气划分，但却证明人们已懂得根据物候定节气，它结合春耕、夏种、秋获、冬藏，逐渐形成最初的历法。后人又以鸟形附合，升华为“凤”，成为吉祥的象征。

北方的炎黄氏族与东夷氏族部落不同，多以“龙”为图腾。据考古研究，以蛇身、马头、鹿角、鹰爪、鱼鳞等附合、升华而成的龙，成为炎黄华夏族的象征。

后来由于北方炎黄华夏族向中部地区推进，东夷族从东向西发展，这两个部落通过长期的战争和文化交流，互相融合，形成了中华民族大家庭。人们把这两大氏族集团的融合，形象地从“龙”、“凤”并立的图腾，改誉为“龙凤呈祥”和“龙飞凤舞”，象征着中华民族的大团结精神和喜庆欢跃的气氛。

❽夏朝的祖先鲧部落在淮河流域什么地区活动？禹娶于涂山和会诸侯于涂山中的涂山是指什么地方？

夏禹的父亲鲧，也是我国远古时代的治水专家。《国语·周语下》称他为崇伯，崇即今河南嵩山，嵩山为淮水最大支流颍水的发源地。说明鲧为嵩山一带部落联盟的首领，活动在颍河流域区内。他由于治水不当，以致 9 年不成而失败，被逐于羽山(今江苏省东海县西北)而死。禹继承了父业，继续治水，在治水过程中，他娶于涂山，即涂山氏之女，大禹在新婚第 4 天，就告别妻子，又踏上治水征途。“居外十三年，三过其门而不入。”尔后禹又“会诸侯于涂山，执玉帛者万国。”防风氏后至，禹诛之。禹娶和会诸侯的涂山，历有“地望之争”。经过多数历史专家的研究认证，认为涂山即今安徽蚌埠市怀远县的涂山。正如著名历史地理学家谭其骧教授指出的。他之所以把怀远县涂山作为夏禹的涂山，主要依据是：“记载最古老”。早在《汉书·地理志》中就有记载，其次为“合理”，大禹会诸侯会址比较适中。至今怀远涂山半山坡上还矗立着一块天然石像，形似一位妇女，相传就是大禹的妻子涂山氏女，她思念其夫心切，终日伫立山南，望夫归来，故名“望夫石”，因她的儿子名启，又称为“启母石”。今蚌埠市郊天河乡,还有“禹会村”村名,又称“禹墟”。禹会村旁,涂山脚下,还有上洪和下洪村,洪为红的谐音,相传为禹杀防风氏血流上下洪的地点。防风氏死后就地掩埋,留下了“防风冢”。北宋大诗人苏轼游涂山时曾赋七绝一首:“川锁支祁水尚浑,地埋汪罔骨应存。樵苏已入黄熊庙,乌鹊犹朝禹会村。”咏的便是禹会诸侯与斩防风氏之事。

❾为什么说商王发迹地是在淮河流域?

商王朝起自今山东西部,在淮河流域艰苦创业,进而推翻了夏王朝的统治,建立了我国第二个奴隶制国家。商朝的祖先契,为东夷氏族部落首领。《诗经·商颂》中《玄鸟》篇说:“天命玄鸟,降而生商,宅殷土茫茫。”《史记·殷本纪》更具体地说:契的妈妈简狄,有一次洗澡后吞食了玄鸟卵,“因孕生契。”把商朝的祖先与鸟联系起来,这就证明商族是以鸟为图腾崇拜的东夷人的后代。契与夏王朝创建者禹是同时人,曾襄助禹治水,商进入文明与夏王朝的存在相平行。契曾都于蕃(今山东省滕县)。契的孙子相土,东逾泗水,在泰山脚下建立东都,并向东扩展到渤海海边。这时的商人经济水平较高,传说相土作乘马,王亥作服牛,畜牧业有了很大发展。相土的三世孙冥是一位治水的英雄,不幸身死,受到后世隆重祭祀。商王自上甲微以后都以日干为名号,这说明商关于历法的认识已大为提高。由于治水和对历法的运用,农业已有了很大发展。从契到汤,商共传 14 代,经过 400 余年在淮河流域建国发展,到了夏王朝末年,已经成为东方势力强大的国家,在汤王的领导下,积极准备推翻夏王朝的统治。汤王建都于亳(今河南省商丘北),以此为根据地,启用伊尹和仲虺为左右相,兴兵伐夏王桀,夏、商两军会战于鸣条(今河南省封丘东)之野,桀战败南逃,死于南巢(今安徽省寿县东或安徽省巢县），夏王朝灭亡。至今安徽省亳州市涡河北岸尚有汤王陵墓，传为汤王衣冠冢。清代书法家梁𪩘手书碑刻“商成汤之墓”，为一游览佳境。自汤建立商王朝后，直至盘庚，共传10代20王，虽先后迁都5次，但绝大部分时间仍在淮河流域的亳、庇（今山东省鱼台县）和奄（今山东省曲阜市）等地建都。淮河流域鲁西南和豫东一带一直是商王朝政治、经济中心。自盘庚以后，才将国都迁到殷（今河南省安阳西北），政治中心移到黄河流域。自此以后，商又称殷商。

夏、商王朝的兴起，创造了代表世界东方文明的灿烂文化，与埃及、印度、巴比伦古文化媲美，被誉为世界四大文明古国。这时，淮河流域东夷人的后裔与居住黄河流域的华夏族已融合起来，进而统治了中国。

⑩为什么说淮河流域是中国传统文化的摇篮？

我国有着5 000年的光辉悠久历史，形成了独立于世界之林的灿烂中华传统文化，曾在人类文明史上创造过无数奇迹。随着本世纪末中国经济的迅速崛起，中华传统文化所具有的博大智慧和神奇魅力正越来越引起海内外有识之士的关注和推崇。对中国优秀文化的渴求，已成为当今时代持久不衰的社会热点。

中华传统文化，渊源流长，其定型期是在先秦的春秋战国时期，主要表现为中华传统文化的支柱儒家六经的订定和另一文化支柱道家学说的确定；同时，与儒家分庭抗礼的墨家，本于道家而自立门户的名家诸子，以治国经世之术升华而来的管子和法家学派，从战争而来的兵家孙子学说，融合诸家、综贯九流的杂家著作《吕氏春秋》相继问世，各种体系和各种学派思想意识于是大备。后世在漫长的封建社会里，各种学术，除中世纪传入的印度的佛家学说外,无不发脉于上述诸家。即使佛家学说,在中国的流传中,其宗旨乃至教义亦莫不经受中国本土传统文化的洗染。因此,先秦所定型的六经和诸子之书,实为中华传统文化的精华。

淮河流域地处我国中原腹地,春秋战国时期诸侯国林立,各大诸侯国无不在此问鼎角逐。由于政治和军事的需要,这块宝地上群星璀璨,先后诞生了孔丘、孟轲、墨翟、管仲、老聃、庄周、惠施、李斯、韩非以及在此讲学著书的荀子和孙膑等一大批政治、思想和军事家,开创了我国的儒家、墨家、道家、名家、法家等学派,留下了《论语》、《孟子》、《管子》、《道德经》、《庄子》、《韩非子》、《荀子》、《孙膑兵法》等显示中国古代文化全景的不朽著作。这是淮河古老文化全盛时期,对祖国文化作出了突出贡献,不愧为中华传统文化的摇篮。

⑪春秋战国时期先后有哪些较大的诸侯国在淮河流域建国和角逐?

春秋战国是我国社会大变革大动荡时期,这时周天子王室衰微,各地诸侯国之间兼并战争愈演愈烈,开始有齐、晋、秦、楚、宋等大国争霸,继而有秦、楚、燕、齐、韩、赵、魏七雄并峙。通过激烈的战争,原来西周初年的 800 个诸侯,到了春秋时仅剩下百余国。到了战国时除七雄外,所剩下的小国已很少了,最后秦始皇统一了中国,建立了中央集权的封建君主国家。

淮河流域地处中原,春秋战国时期诸侯国林立,其都城多建在淮河及其重要支流上,这样既有利于城市供水和排水,也有利用水利的便利。据先秦史料记载,在淮河流域先后建国或建都的就有 40 多个诸侯国,占当时诸侯国的 1/3。其中春秋时期在淮河干流岸旁建都的有江(今息县西)、息(今息县)、蒋(今固始县蒋集)、下蔡(今凤台县)、钟离(今凤阳县临淮关)、徐(今泗县境,洪泽湖西北);在汝水岸旁建都的有曼氏(今汝阳县东南)、胡(今郾城县南)、上蔡(今上蔡县)、蔡(今新蔡县)、西不羹(今平顶山市东北)、东不善(今平顶山市东南)、应(今平顶山市西)、柏(今舞阳市东南)、房(今遂平县)、道(今确山县北);在颍水岸旁建都的有许(今许昌市东)、顿(先后在今商水县东南,后迁项城县西)、项(今沈丘县)、胡(今阜阳市);在洧水和沙水岸旁建都的有密(今密县东)、郑(今新郑县)、鄢(今鄢陵县西北)、陈(今淮阳县);在睢水岸旁建都的有滑(今杞县北)、宋(今商丘);在丹水岸旁建都的有戴(今民权县东)、萧(今萧县);在泗水岸旁建都的有鲁(今曲阜市)、绎(今邹县)、滕(今滕县)、薛(今薛城)、任(今济宁市南)、郜(今南阳湖内)、邾(今曲阜市东南);在沂水岸旁建都的有鄅(今临沂市东北)、郯(今郯城)、鄫(今苍山县西北),颛臾(今平邑县东南)、钟吾(今骆马湖东北);在沭水岸建都的有莒(今莒县),根牟(今莒南县西)、鄟(今郯城县东北);在淮河上中游以南今浉河、竹竿河、潢河、史河、淠河支流岸旁建都的有訾(今信阳市西北)、弦(今息县南)、蓼(今固始县东北)、六(今六安市东北)等。

战国时期,楚国的都城北迁至淮河岸边的寿春(今寿县)。韩、赵、魏三家分晋后,韩国都城建在颍水支流岸边的郑(今新郑县),魏国都城建在鸿沟岸边的大梁(今开封市)。另外,在沂水岸旁还增加了费(今费县)、邳(今邳州市下邳)等新的诸侯国。

春秋战国时期,不仅淮河流域各诸侯国之间争战不休,就是在流域外建国建都的春秋时的齐、楚、晋、秦、吴、越等霸主,战国时的秦、齐、赵等大的诸侯国,无不在淮河流域问鼎角逐。

⑫孔子、孟子是什么地方人？他们创立了什么学说？对我国传统文化有哪些影响？

孔子名丘，字仲尼，出生于古淮水最大支流泗水岸边的鲁国陬邑(今山东省曲阜市)，是我国春秋时期的重要哲学家和教育家。孟子名轲，字子舆，亦是古泗水岸旁邹(今山东省邹县)人，为我国战国时期哲学思想家。

孔子的故乡鲁国，是西周典籍和文物保存最多的国家，是公认的东方各地的古代文化中心，所谓“周礼尽在鲁也”。孔子受其影响较深，在剧烈、动荡变革时代，他仍站在维护旧制度的立场上，十分赞美西周的制度；在政治上，主张“克己复礼”，即遵守周朝传统的贵族等级制度，“非礼勿视，非礼勿听，非礼勿言，非礼勿动”，提出“正名”，“君君、臣臣、父父、子子”，君臣父子各守名分，不得逾越；注意缓和社会矛盾，反对一味刑杀，强调以“德”和“礼”治国等。他在从事教育和文化典籍的整理上，曾删《诗》、《书》，定《礼》、《乐》、《易》，作《春秋》，死后，其弟子辑录其言论编成《论语》。《六经》的编订和《论语》的问世，标志着我国儒家学派的创立。到了战国，孟子又从学孔子嫡孙子思，继承发展了孔子的儒家思想，编著了《孟子》一书，建立了一整套“仁政”学说和伦理道德体系，从此儒家学派更加完备。

孔子和孟子共同创立的儒家学说，是我国传统文化的支柱，对后世影响极大。自汉武帝“罢黜百家，独尊儒术”以后，在中国两千年封建社会中，孔子一直被看作圣人，称为“至圣”，孟子被称为“亚圣”，孔孟儒家学说成为封建文化的正宗。各个阶级，各种力量，各类事件都曾树起孔孟这面旗帜，成为我国传统文化的瑰宝。

现在孔子的诞生地曲阜，已被国务院定为著名的文化古城，有规模宏大的三孔(孔庙、孔府、孔林)古代建筑群体，保存有灿烂的古代文化遗产，蜚声中外，被誉为东方民族文物之乡。邹县也建有孟庙、孟府、孟林等古代建筑园林。在我国长期封建社会中，几乎各县县城以上的城市，都建有黉宫或黉庙等古代建筑。

⑬我国道家发祥地在哪里？是哪两位哲学思想家创立的道家学说？他们与我国道教有什么渊源关系？

我国道家发祥地在淮河支流涡河沿岸。涡河流域在春秋战国时期，原为宋国的统辖范围，宋原为东夷和商族的后裔，周代商后，出于民族复仇心理，商、夷族始终敌视周朝，战争几乎不断。到了春秋时期，宋国势小，北有齐、晋，南有楚、吴等大国，齐、晋、楚、吴争霸时，宋国首当其冲；后楚国势力北扩，宋国涡河两岸的国土大部为楚国占领，战乱不止。加上涡河流域地势低平，在气候上地处南北气候交界处，天气变化异常，风霜冰雪，水旱灾害频仍。天灾人祸，人民生活艰辛。在这样的地理环境下，如何摆脱战乱和贫困，道家思想应运而生。

春秋中叶，原属宋国后属楚国的苦县厉乡曲仁里（今河南省鹿邑县，亦说安徽省涡阳县）诞生了一位哲学思想家老子，姓李氏，名耳，字聃，早年曾任周朝管理藏书和档案的史官，后见周朝衰微，遂隐退回到家乡。目睹家乡的长期战争和民不聊生的悲惨情景，站在小国寡民的立场，起而抨击日益没落的西周奴隶主阶级的典章制度，谴责新兴封建统治者奢侈挥霍，欺骗掠夺，发动战争的强盗行径，主张"无为而治"，"绝圣弃智"，一切循其自然，回到"鸡犬之声相闻，民至老死，不相往来"的"小国寡民"社会。到了战国时，出生蒙（今安徽省蒙城县）地的庄周继起，他继承和发展了老子哲学，面对剧烈的七雄争斗，山河破碎，黎民涂炭，更自感力不从心，力图避开斗争锋芒，去追求一个顺应自然、逍遥自在的理想境界。

老子一生中写下了《道德经》一书，虽只有 5 000 余字，但内涵极其丰富,从天道观、辩证法、认识论、人生观、政治主张、社会理想等高度,阐明了他的哲学思想,创立了中国的道家学派。庄子著有《庄子》一书,亦是中国道家学派的主要著作。

老庄所开创的道家,原为中国古老的学说,到了汉代,逐渐演变与宗教神仙思想有关。东汉初年光武帝时就有"黄老养性"可以延年度世的说法。至明帝时,楚王英使黄老之学与浮屠之言发生联系,是老子神仙化的端倪。桓帝时,朝廷几次遣使祭祀老子,延熹九年(公元166年),桓帝又亲自祭祀老子于濯龙宫。至此,不但民间,而且宫中也设有老子祠,从而使得老子与浮屠成为人们共同膜拜的偶像。顺帝时(公元126~145年)沛国丰(今江苏省丰县)人张陵,在蜀汉之地创立五斗米教,即中国原始道教,以老子五千文为经典,老子遂正式成为道教的教祖。到了魏晋南北朝时,原始道教又从民间活动为主变为为统治阶级服务的道教,开始盛行,老子被称为"老君"、"太上老君"。唐代道教更受尊崇,老子的地位达到登峰造极的地步。由于唐王朝姓李,太宗自认是老子李耳之后。高宗乾封元年(公元666年),帝亲至亳州老君庙祭拜,追号老子为太上玄元皇帝;仪凤三年(公元678年)又诏《道德经》为上经。玄宗天宝元年(公元742年),诏封庄子为南华真人,《庄子》一书为《南华真经》。一时间,老庄道学盛极朝野。随着道家人物成为道教偶像,道家著作成为道教经典,道家与道教的关系也越来越密切,致使后人很难区分。

⑭我国历史上第一位出身劳动者阶层并为劳苦大众呼喊的伟大思想家是谁?他是哪里人?

我国历史上第一位出身劳动者阶级并为劳苦大众呼喊的伟大思想家是墨子。墨子名翟,出生于战国初期古泗水岸边的鲁国(今山东省曲阜市)。他青少年时,亲自参加过手工业生产劳动,据说他会做"任五十石之重"的大车,曾与当时名匠公输班比过智巧;他还创制守城器械,胜过公输班攻城云梯。他平日言谈话语总离不开耕织之事、百工之业,自称"贱人"。他熟悉劳动群众的生活和忧患,寄于深切、真挚的同情;对王公大人的侈靡好战作过无情的批判,并为和平和正义一生不懈地呼号、奔走。墨翟充分表现了劳动者无穷智慧,他有广博的学识、精辟的见解,所创墨学在思想界享有盛名,成为当时惟一可以与儒学抗衡的学派,时称"儒墨显学"。墨翟为了制止当时楚国侵犯宋国的一场战争,自齐国出发,步行十日十夜,赶到楚都,对楚王和公输班,先晓以大义,示以利害,然后又用高超的守御技术和器械折服了楚王,使楚王放弃了攻宋的念头,救人民于水火。他吃的是藜藿之羹,穿的是短褐之衣,脚踏木制的"跂跻","腓无跋,胫无毛,沭苦雨,栉疾风",以大禹为楷模。他"摩顶放踵,利天下而为之"的崇高精神和伟大品格,永久受到后人敬仰。

⑮管子和老子在其著作中对水作了哪些论述?

春秋时期,淮河流域颍水岸边诞生了一位杰出的政治思想家管子,他字仲,名夷吾,颍上(今安徽省颍上县)人。少年时家境贫寒,曾经做过小生意,当过养马者,服过兵役。后经鲍叔牙的推荐,被齐桓公任为上卿,尊称"仲父"。治齐 40 年,实行改革,富国强兵,"九合诸侯,一匡天下",使齐国成为春秋时第一个霸主。现存《管子》一书,内容丰富,涉及政治、经济、军事、哲学、伦理、自然科学等诸多方面。其中,尤以他关于水的论述蕴藏着许多哲理,至今仍熠熠生辉,值得我们借鉴。

他在《管子·水地篇》中说:"水者,何也?万物之本原也,诸生之宗室也。”在他看来，“水”不仅是宇宙万物没有生命东西的基础，也是一切生物发生和成长的泉源。他认为，草木得到水，就生长茂盛；鸟兽得到了水，就长得肥壮。他特别指出，水的最精华的部分凝集起来就形成了人，人的“九窍五虑”都是从水产生的。他甚至认为，人的体质、容貌、性情和道德品质也是由水的性质不同所决定的。他说，污浊的水使人愚笨，清凉的水使人简洁正直。因此，他认为“水”是治理国家和教化的关键。他说：“是以圣人之化世，其解在水”。他提出了水是万物根源的学说，较早摆脱原始宗教神学体系的束缚，不愧是一位朴素的唯物主义者，虽有其片面性的一面，但在当时仍具有进步意义。

与管子同一时代的老子，也非常崇敬水，把它提高几乎同于“道”的地位。他在《道德经》中就有六章谈到水，指出“水善利万物而不争，处众人之所恶”，“天下莫柔弱于水，而攻坚强者莫之能胜，以其无以易之。”“江海所以能为百谷王者，以其善下之，故为百谷王”。他论述了水的三大特性：第一是滋养万物而不居功；第二是本能柔弱，顺自然而不争；第三是蓄居流注于人人所厌恶的卑下地位而不惑。老子还把水的三大特性，进一步哲理化，把水喻为最大公无私；性虽柔弱，但它的功能却不能用其他东西可以代替，它可以攻克最坚强的金石；虽处卑下，但却能容纳百川，为百谷王。

⑯“人定胜天”思想是战国时哪一位思想家首先提出的？他死后陵墓建在何处？他的弟子有哪两位法家代表人物？

战国时期，在儒家学说中与孟轲对立的有荀子。荀子名况，字卿。他虽出生赵国，但他一生中长期却在齐国首都临淄和楚国兰陵（今山东省苍山县兰陵镇）等地活动，曾三为齐国稷下学宫祭酒，后由于楚国春申君黄歇的保荐，出任兰陵令，后黄歇遇刺身亡，荀子虽废县令，但仍居兰陵，在此讲学并著书立说。著有《荀子》一书，现存 32 篇，内容丰富广泛，涉及政治、经济、军事和哲学等各个方面。荀子死后，葬于兰陵，后人在兰陵建有荀子庙和荀子墓，现庙已废圮，尚存有墓碑。

荀子是先秦唯物主义思想家，他反对天命、鬼神迷信之说，首次提出了“制天命而用之”的人定胜天思想。他认为，人有充分的主观能动作用，能够适应并利用自然规律，从而征服自然。荀子的这种思想，反映了战国时期封建社会上升过程中的新兴气象，是法家学派的先驱者之一。

荀子在兰陵等地讲说中，培育了我国著名的两位法家代表人物，这两个弟子都出生于淮河流域，是淮河流域的名人。一是韩非，出身韩国（都城在今河南省新郑）贵族，是我国集法家大成者。他提出的法、权、术思想，为封建统治阶级提供了君主独裁和中央集权的理论和手段，他的著述被后人辑录成《韩非子》一书。二是李斯，楚上蔡（今河南省上蔡县）人，秦庄襄王三年（公元前 247 年）入秦，后说秦王政以统一六国之策，被任为长史，佐秦王政先后兼并六国，统一中原，任丞相，为法家路线实践者。

自韩非、李斯后，法家学说进一步完善，对我国封建社会的发展影响很大，自西汉以后的封建统治者虽然“罢黜百家，独尊儒术”，但仍采用“外儒内法”、儒法兼治的方法。历代不少政治家、军事家和改革者，更是以法家人物为榜样。法家思想在中国传统文化中占有重要地位。

⑰鲁班是哪里人？他为什么被誉为我国古代土木工匠的始祖？

鲁班，姓公输，名般。因为他是鲁国（今山东省曲阜）人，又因

“般”和“班”同音，所以人们常称他为鲁班。

鲁班生活在春秋末期到战国初期（大约是公元前507年至公元前444年）。他出身于世代工匠的家庭，从小就跟随家里人参加过许多土木建筑工程劳动，逐渐掌握了生产劳动的技能，积累了丰富的实践经验。

鲁班发明创造了很多木工工具和机械工具，据《事物绀珠》、《物原》、《古史考》等古籍记载，如木工常用的曲尺（也叫矩，又名鲁班尺）、放线墨斗、刨子、凿子、钻子、铲子等。这些木工工具的发明，不仅使当时工匠们从原始、繁重的劳动中解放出来，劳动效率成倍提高，使土木工艺出现了崭新的面貌，而且这些工具一直沿用到现在。后来，人们为了纪念这位名师巨匠，把他尊称为我国土木工匠的始祖。

鲁班不仅创造发明了许多木工加工工具，在节省人力和工时、提高劳动生产效率上作出很大贡献，而且在其他机械工具上也有不少创造。据《玉屑》上记述，鲁班与妻子合作发明了雨伞；据《世本》上记载，鲁班发明了加工粮食的石磨；据《墨子·鲁问篇》和《墨子·公输篇》记述，鲁班制作的木鸟能乘风力飞上高空三天不落。他还为楚国制造攻城用的“云梯”、水战用的“钩强”（又名“钩拒”），以及能自动行走的木车、木马，对以后各代发明家启发很大。

⑱我国古代第一军校在何处？

我国古代第一军校在淮河支流北汝河源头汝阳县的云梦山。这里不仅风光秀丽，而且历史悠久，山上的水帘洞是我国战国时期楚国谋略家、养身学家鬼谷子栖身讲学之处。据文献记载，鬼谷子在此办学校，传授弟子百余人，成名者有孙膑、庞涓、尉缭子、苏秦和张仪等，鬼谷子培养出来的这些军事人才，后来都分赴各诸侯国建功立业。

关于鬼谷子的故居,《大清一统志》上说,云梦山在伊阳县(今汝阳县)东南 7 里,世传鬼谷子修道处。云梦山山势起伏,悬崖古洞遍布,素有壶中世界、溪上桃源之称。鬼谷子讲学的水帘洞,孙膑撰书的云梦洞、试剑石、文峰塔、鬼谷子墓等古迹散落山中。在清溪河畔的鬼谷村还出土了殷商编磬、战国铜戈等大批文物,并有金、元古碑文可考,以佐证鬼谷子确曾在此这一史实。所以,伍修权将军特意题词:"天下第一军校";李德生将军也题词"军魂"二字。

⑲我国最古老的乐器之一——骨笛在何时何地被发掘?它在音乐史上有什么意义?

1987 年 5 月,河南省文物研究所、郑州大学历史系,根据舞阳县舞阳镇群众反映古墓葬的情况,在舞阳镇西南 2 公里的贾湖村,发掘距今有 8 000 年历史的我国新石器时代遗址。在"贾湖村古墓葬"遗址中,出土了一批距今 8 000 年的甲骨契刻符号和骨质管乐器——骨笛。

从"贾湖村"古墓葬中出土的一批骨笛,被殉葬在古人骨架的下肢两侧,均是用猛禽的骨管制作而成,长约 20 厘米,大多为七孔,形式固定,制作规范。经对其中一件七孔骨笛测试,知其已具备音阶结构,证明可以吹奏歌曲。在河南省文化厅举行的新闻发布会上,中国艺术研究院音乐研究所测音员用它吹奏了民间小曲《小白菜》。

这些骨笛是至今为止我国发现的年代最早的乐器,比我国最古老的乐器陶埙和骨哨早 1 000 年,在世界音乐史上也是罕见的,为研究我国音乐史提供了难得的资料,具有重大的科学价值。

⑳ 淮河流域古代军事家留下哪些著名兵书?

在春秋战国时期,淮河流域先后有诸侯国40多个,他们割据一方,互相争霸。频繁的战争为各诸侯国军事家施展才华提供了实践的机会,战争的模式和各种战术的运用都有所创新,出现了众多的军事家和军事著作。如儒家经典《周礼》中的《地宫》、《夏宫》诸篇专论军队的组成、编制和军官职责;在《管子》中有《乘马》、《揆度》诸篇谈军赋制度;在《墨子》中有《备城门》等20多篇专论要塞防御。

1972年4月,在山东临沂市沂河岸边的银雀山的两座汉墓中,发掘了举世闻名的《孙子兵法》和《孙膑兵法》竹简。这两部军事著作内容丰富,是讲述战争策略的百科全书,在以后历代战争中被许多军事家所运用。

到汉代,西汉初年大臣张良(安徽亳州人),大将军韩信(江苏淮安人)整理注录兵书《太公兵法》等182家。淮南王刘安写有《淮南子·兵略训》。

到三国魏晋时期,淮河流域最有名的军事家,首推诸葛亮和曹操。诸葛亮著的兵书很多,如《诸葛武侯心书》、《诸葛七书》、《武侯八卦阵》、《火龙经》、《兵原》等。曹操的《孙子注》表现了他深湛的军事素养和渊博的军事造诣,为后来军事典籍研究树立了楷模。明朝开国皇帝朱元璋和明成祖朱棣重视文化建设,士大夫藏书著书之风普遍,茅元仪所辑《武备志》就是在这种著书风气中产生的一部综合性大型军事类书。该书200余万字,收录了各种攻守器械、兵器、战具达600种,有陆战用、水战用以及飞行式或地雷式,品种之多,应用之广,前所未见。

明代抗倭名将戚继光(安徽定远人)所著《练兵纪实》,是一部以军事训练为主的著名兵书。

㉑在古代淮河流域发生过哪些著名战争?

淮河流域地处中原腹地,是我国古代经济开发较早的地区之一,也是各种政治力量汇聚的地方,为了各自的利益,频频爆发战争。

夏朝末年,在黄淮平原展开了商汤灭夏之战。周朝,周成王东征展开了平定徐戎、淮夷之战。

春秋时代,各诸侯国兼并战争连年不断,著名战役有:发生在莱芜与曲阜间的齐、鲁长勺之战;发生在河南柘城北部的宋、楚泓水之战;发生在鄄城西南的晋、楚城濮之战;发生在河南鄢陵西北的晋、楚鄢陵之战;发生在河南固始东南的吴、楚鸡文之战;发生在大别山区的吴、楚柏举之战。

战国时代,只有齐、楚、秦、燕、韩、赵、魏七个强国,经过争夺,各国范围不断变化,到战国后期,淮河流域大部分属楚,豫东北部属魏,山东泗水一带属齐,这个时期的著名战役有:发生在山东长垣、定陶,河南睢县一带的齐、魏桂陵之战;发生在山东定陶至范县之间的齐国攻魏救韩马陵之战。

秦朝末年,群雄割据,楚汉相争历时5年,以刘邦战胜项羽建立汉朝而告结束,著名战争有:发生在江苏徐州一带的彭城之战;发生在河南荥阳一带的成皋之战;发生在安徽固镇境内的垓下之战。

从西汉末至东汉时期,淮河流域是军阀角逐之地。著名战役有:发生在河南叶县的昆阳之战;发生在苏、鲁两省交界一带的曹操、吕布争夺兖州之战;发生在河南中牟东北的曹操、袁绍官渡之战。

西晋王朝灭亡后,中国进入南北对峙的大分裂局面。这个时期的著名战役有:西晋末年,司马昭围攻寿春之战;东晋与前秦在安徽省寿春(今寿县)淝水之滨发生的淝水之战,八公山上"风声鹤唳，草木皆兵”的典故就是对这次战争的描述；还有南梁与北魏之间发生的钟离(今凤阳)之战。

从隋唐到元、明、清，每当改朝换代发生，淮河流域的战争仍然不断。著名的战争有：隋代末年发生在河南荥阳的虎牢之战；唐代末年平定安史之乱的河南睢阳(今商丘)之战；中唐平定淮西藩镇割据之战；五代末，周世宗攻南唐之战；南宋抗金在安徽阜阳展开的顺昌之战；南宋爱国将领岳飞在河南蔡州、朱仙镇抗金之战；元灭金决战三峰山(河南禹县)破梁州、蔡州之战；明燕王朱棣争夺皇权在两淮展开的“靖难”之战；明末史可法在苏北抗清之战。

㉒我国最古老的用于天文观察的周公测景台和郭守敬创建的观星台，是何时所建，在我国天文史上地位如何？

在嵩县告成镇。告成镇南临颍河，北望嵩山，地势平坦，有利于观察天象。在告成镇北半里许的周公庙里，有现存我国最古老的“周公测景(影)台。据史书记载，是周文王第四子周公旦营建东都洛阳时，修筑此台，据今已有3 000多年。此台的作用是“测土深，正日景(影)，求地中，验四时”。也就是说通过立土圭，测日影，来度量地中、检验四时季节的变化。

在周公庙大殿北面，还有一座元代天文学家郭守敬于公元1276年创建的观星台。他为了提高测影精度，把周代以来旧式八尺测影圭表，变为四十尺高表，运用高表测影来掌握日月星辰和地球的运行规律，测定出我国的二十四节气，并推算出夏至、冬至、春分和秋分的精确时间，以及一个回归年的准确天数为365日24刻25分(古时一天分为100刻)，以今天的小时计算，则合为365天5时49分12秒。公元1280年，他又制定了《授时历》，由朝廷颁布全国实施。这个《授时历》和当今世界各国通用的阳历(即格里高利历)相比,竟分秒不差。现在世界通用的阳历是由罗马教皇格里高利十三世于公元1582年颁布的,而我国郭守敬发明的《授时历》比他早了300年左右,这说明我国天文学在当时世界的领先水平。

这座古代天文台不仅可以测量日影,还有观察星系和记时等功能。鉴于登封告成观星台在我国古代天文学上的卓越贡献,1961年,告成观星台被国务院确定为第一批全国重点文物保护单位。

㉓江苏省连云港将军岩画石刻为什么被专家誉作"我国最早的一部天书"?

在江苏省连云港锦屏山将军岩下的石块上,分布着三组岩画。据考古学家鉴定,创作岩画的主人是夏商时期的东夷部落。这里原是东夷部落社祭的遗址,而三块青石就是他们崇拜的神主——地母。

在古代,由于人们对农业的依赖性,就产生了对地母和农神的崇拜。这种用石主作为神进行祭祀的习俗,是东夷部落的遗风,而不是黄河流域其他列国的风俗。

将军岩画,以三块石主为中心,在它周围组成三组排列有序、内容不同的画面,先民们用自然坡石为画纸,用器具作画笔,磨凿了人面像、农作物、兽面纹、太阳、月亮和各种符号。人头像画面别致,线条清晰,面部丰满,形象生动。另两组画面,有光芒四射的太阳、月亮,有星座,还有两个威严、狰狞的天神头像。这三组岩画,真实地反映了三四千年前东夷(也称淮夷)部落农业、畜牧业经济状况和他们的风俗、信仰。据专家考证,这三组岩画,是我国最早的石刻艺术的遗存。从现在已发表的考古资料看,全国各地发现的岩画虽然有多处，但是在汉族居住地区发现的岩画，而且是反映农业部落生活的，目前只有连云港一处。

中国科学院考古研究所二室主任苏秉琦先生，看了将军崖岩画，十分感慨地说：我们在探索中华民族文化的渊源时，过去只强调了中原黄河流域，忽视了对淮河下游东部的研究。将军崖岩画说明，我们的祖先很早就在淮河下游进行开发并创造了灿烂的古代文化。

㉔徐福的故乡在哪里？他为什么东渡日本，对发展中日两国人民友好起什么作用？

徐福的故乡，据史料记载在江苏省连云港市赣榆县金山乡徐福村。村北建有“徐福庙”，至今遗址尚存。现于徐福庙的遗址上建了一座徐福祠，在祠内陈列着从徐福故里挖掘、搜集、整理的数百件文物和日本朋友拍摄的徐福墓、徐福碑等照片。在祠前竖有全国政协副主席、对外友好协会副会长赵朴初题写的“徐福村”石刻碑。

徐福是秦代(公元前221年～公元前206年)著名方士，又名徐市，字君房，当地琅琊人。他自幼勤奋好学，博学多才，通晓医学、天文、气象、航海等知识，在沿海一带民众中名望颇高。

《史记·始皇本纪》载，公元前219年，秦始皇出巡东行到海滨地区的琅琊(秦代的琅琊郡包括山东胶南南部和苏北的赣榆地区)，要寻找“长生不老仙药”。谋士找来当地方士徐福，善巫医、懂方术的徐福说，这里的东方海外有蓬莱、方丈、瀛洲三神山，可以采到仙药。于是，秦始皇派给徐福三千童男童女，乘船去海外寻觅仙药，结果一去未返。许多历史学家认为徐福航海到达了日本九洲岛等地，开拓土地，并利用带去的先进生产技术、生产工具和文化知识,向日本土著民族传播农耕知识和木工、石工、捕鱼、锻冶、酿造等技术,还教给日本人医术、针灸等秦朝文化,被日本人民奉为“司农耕神”和“司药神”。千百年来,徐福在日本受到人们的尊重和纪念。至今,在日本的本州、大坂、九州等地还保存有徐福的陵墓、徐福宫、徐福岩等遗址,佐贺建有秦祀徐福的“金立神社”,每50年举行一次徐福大祭,以表达向他们祖先传授农耕技术的徐福的虔诚敬意。

㉕我国的“南音之宗”在什么地方?它对楚辞和汉赋有什么影响?

南音是我国的诗词歌赋中带有南方特殊情韵的风格流派。最早见于《吕氏春秋·音初》:“禹行功,见涂山之女,禹未之遇而巡省南土。涂山氏之女乃令其妾待禹于涂山之阳,女乃作歌,歌曰‘侯人兮猗’,实始作为南音。周公及召公取风焉,以为《周南》、《召南》”。经近代专家学者认定,禹治水娶涂山女的涂山即在淮河之滨的怀远县涂山。成书于战国时代的《吕氏春秋》早在2 200多年前即已说明涂山女等待大禹而作的歌“侯人兮猗”即是始作南音,并又进一步说明《诗经》中《周南》、《召南》均取风于这里。与《吕氏春秋》同时代或稍后的《楚辞》、《汉赋》其风格、情韵均受到涂山氏之歌和《诗经》的“二南”的重大影响。当代文学家谢冰心为涂山题词“诗国”无疑是肯定涂山为“南音”之宗。

㉖我国最古老的石磬和青铜编钟,在何时何地被发掘,有何意义?

1993年1月,在江苏省邳州市戴庄乡梁王城遗址九女墩古墓葬群中,发掘出石编磬共 13 枚,石磬最大者重 5.76 公斤,最小的重 0.8 公斤。这些石磬全由青灰石精雕细琢而成,磬体从大到小,依次递减,音阶齐全,音质纯厚,是一套完整的组合打击乐器。

青铜编钟最重者达 26 公斤,钟体高 40 厘米,最小者重 1.5 公斤,钟体高 10.2 厘米。这 19 枚编钟由大到小,依次均匀递减,构成一个完整的合乎律吕的音响体系。尤其珍贵的是,在 9 枚编钟上分别铸有铭文,据考古工作者初步解读,推定这套编钟,是 2 600 多年前古徐国的宫廷礼乐器,使古徐国(属于淮夷集团的一个方国)的历史,第一次跨越了单纯的文献记载,有了文物见证,极富有历史价值。

㉗我国长寿之神——彭祖封于何地,对后世有何影响?

彭祖是《列仙传》及《神仙传》中记载的故事人物,姓籛名铿,是"五帝"之一的颛顼的玄孙,生于夏代之前,至殷末已活到 767 岁(又说 800 岁)。王逸注《楚辞》说彭祖善调雉羹以事帝尧,为尧所赞美,封之于彭城(今徐州市区),建大彭氏国,是为徐州立国之始。殷王想用他为大夫,然彭祖托病不问政事,全心养身,修炼。"彭祖导引法"是一套包括十节肢体导引的治病功法,"彭祖摄生、养性论"传说是后人根据彭祖养身学、运动学而编写的。总之,彭祖是养身、运动而得以长寿,对后人营养和锻炼强身均有深远影响。

㉘《淮南子》作者是谁?他是哪里人?"一人得道,鸡犬升天"的典故又是怎么来的?

西汉初年黄老无为学说盛行,出生淮河流域古泗水岸边的沛郡丰(今江苏省丰县)人刘安应运而生。刘安(公元前 179～公元前122年),为汉高祖刘邦之孙,淮南王刘长长子。刘长贬死后,汉文帝封刘安为淮南王,封地在今寿县、淮南一带。他才思敏捷,善为文辞,曾奉汉武帝命作《离骚传》。在淮南王都城寿县,"致宾客方术之士数千人",集体编著《淮南鸿烈》,后又称《淮南子》一书。该书《汉书·艺文志》列为杂家,其内容体系庞杂,中心思想接近先秦老子思想,同时也糅合夹杂了先秦孔子、墨子、申不害、韩非等家的思想,是我国继《吕氏春秋》以后又一杂家代表著作。

刘安好笃神仙黄白之术,又喜结朋友,曾与苏飞、李尚、左吴、田由、雷被、毛被、伍被和晋昌八个著名术士(号称八公),经常在寿春城北登山修道、炼丹。传说丹药方才炼成,刘安被告谋反,汉武帝使宗正持符前往捕拿,刘安闻讯后惊恐万状,立即服丹药,与八公携手升天;剩下的丹药被鸡犬舐啄,也跟着升天。自此,山因八公而得名,"一人得道,鸡犬升天"的典故也就留传至今。开始由道家用语演变为贬义成语,比喻一个人做了大官,同他有关系的人也跟着得势。刘安死后,葬于寿春城西八公山麓,现墓高6.4米,周166米,墓前立清同治八年(公元1869年)吴坤修所书"淮南王墓"碑,供人凭吊。从墓冢向东,越过马山至大架山脚岩崖陡然突伸,下掩一口古井,褐红色的井底泉洞涌出股股清流,顺着山势下泻,谓之"淮王井",折而北行3里多路,龟山山坡上有座稳石石屋,屋内刻石有卧床、枕头、灯台,屋外刻石有凉台、马槽、水缸,深谷幽静,别有天地,相传是刘安修道养性所居;山中还有刘安庙及八公图像遗址,虽已早废,如今仍然吸引着游人流连观赏,寻踪蹈迹。

㉙在封建社会,淮河流域出了哪些开国皇帝?

毛泽东主席在新中国刚成立初期,曾经详述了中国的历史,讲淮河流域这一带,历来是农民起义的地方,也是出皇帝的地方。这里地处中原，向为兵家必争之地，又是灾害频仍的穷地方，历史上农民起义的烈火也多在此燃起。时势造英雄，这里名人辈出。在漫长的封建社会中，仅出生在淮河流域的开国皇帝就有汉高祖刘邦、魏武帝曹操、明太祖朱元璋等一代名君。

刘邦（公元前247～公元前195年），字季，沛县（今江苏省沛县）人。少时不事生产，曾任家乡泗水亭长。秦二世元年（公元前209年），陈胜、吴广起义于大泽乡，他在沛吏萧何、曹参等支持下，聚众响应，杀了沛县县令，做了沛公。后来，参加了项梁的反秦起义军。项梁死后，他逐渐领导了一支独立的起义军队伍。刘邦知人善任，依靠淮泗健儿，奉楚怀王之命，乘虚西进，取道南阳，攻入武关，进陷咸阳，推翻了秦王朝的统治。他夺取咸阳后，召集当地父老，宣布废除秦朝苛法，约法三章，甚得人心。后经过长达5年之久的楚汉相争，项羽战败，乌江自刎，刘邦即皇帝位，称为汉高祖。

曹操（公元155～220年），字孟德，小名阿瞒，涡水之滨的沛国谯县（今安徽省亳州市）人，出身官宦之家。曹操在讨伐董卓中建立自己的武装，又在镇压黄巾农民起义中发展壮大，挟汉献帝建都许昌，"挟天子以令诸侯"，逐步消灭了吕布、袁绍、刘表等封建割据势力，统一了北方，与孙权、刘备形成三国鼎立之势。曹操以淮河流域为根据地，实行屯田制度，兴修两淮水利，奖励农耕，抑制兼并，减轻赋税，发展农业生产。在用人方面，强调唯才是举，不拘品行，量才录用，以致他手下谋士众多，猛将如云，人才济济，阵营壮观，使他雄踞中原，居三国之首，为曹魏政权建立打下了坚实基础。曹操死后，其子曹丕代汉称帝，追谥曹操为魏武帝，实际上成为三国中魏国的开国皇帝。

朱元璋（公元1328～1398年），原名重八，后名兴宗，字国瑞，出生于淮河南岸的凤阳县。朱元璋幼年迫于生活，曾到附近富豪家放过牛，又在于皇寺(又名皇觉寺)当过和尚，后参加郭子兴领导的农民起义军，郭子兴死后，朱元璋就成为这支起义军的统帅。他主要依靠两淮的李善长、胡维庸、徐达、常遏春、汤和、蓝玉、冯胜等一批文臣武将，又接受朱升“高筑墙，广积粮，缓称王”的建议，壮大自己的军力，击败了陈友谅，消灭了张士诚的割据势力，于公元1368年建都南京，国号明，年号洪武。同年攻克大都(今北京)，推翻了元朝统治。

另外，淮河流域还出了南北朝时刘宋开国皇帝刘裕(祖籍江苏省徐州市)，唐末五代十国后梁的开国皇帝朱温(今安徽省砀山人)。

㉚我国历史上第一次农民起义在什么地方爆发？这支农民起义军领袖是什么地方人？

在淮河支流浍河岸旁，津浦铁路宿县西寺坡车站西侧有一个大泽乡，这就是为纪念我国第一次农民起义而命名的。

秦二世元年(公元前209年)，秦王朝大规模地征收农民徭役。这年秋七月，从今河南省征调的一支900多贫苦农民到渔阳(今北京西北密云县西南)戍边的队伍，“行至蕲大泽乡，会天下雨，道不通，度已失期。”按秦律规定：“失期法斩。”在死亡临头之际，担任屯长的陈胜、吴广，“为坛而盟”，袒臂昂首，发出“侯王将相，宁有种乎”的怒吼，“斩木为兵，揭竿为旗”，迅速组成一支农民起义军，拥立陈胜为将军，吴广为都尉，当即攻占了大泽乡，点燃了中国历史上第一次农民起义的革命烈火。现大泽乡平原上仍存有高六七米、面积五六千平方米的土台，这就是这支农民起义军为坛而盟的旧址。因陈胜字涉，后人为纪念这位农民领袖，命此台为“涉故台”。

陈胜，字涉，阳城（今河南省登封市东南）人，雇农出身。吴广，字叔，阳夏（今河南省太康县）人，也是贫苦农民。他们所领导的这支农民起义军，在攻占大泽乡后，很快又攻下了蕲（今安徽省宿县南）、铚（今宿县西南），酂（今河南省永城县）、谯（今安徽省亳州市）、苦（今河南省鹿邑县）、柘（今河南省柘城县）等地。后又攻占了陈（今河南省淮阳县）。这时，陈胜、吴广已有战车六七百乘，骑兵千余，步卒数万人。陈胜被推为王，国号张楚，建立了中国历史上第一个农民政权。

㉛西汉王朝开国“三杰”是谁？他们各出生于何地，有何建树？

秦末，辅佐刘邦建立西汉王朝的“三杰”是张良、萧何、韩信。这三位将相均生于淮河流域。

张良，字子房，颍川城父（今安徽省亳州市东南）人。其家原为韩国贵族，秦灭韩后，张良以重金收买刺客在博浪沙（今河南省原阳县东南）锥击秦始皇巡游的乘车，误中副车而失败，遂逃匿于下邳（今江苏省邳州市东南），传说他在圯下（桥下）遇到黄石公老者，得到《太公兵法》。至今“圯下拾履”的故事，仍在下邳流传。十年后他投奔刘邦，成为刘邦的重要谋士。在楚汉相争期间，他向刘邦提出联合英布、彭城，重用韩非以及追杀项羽、歼灭楚军等策略，都为刘邦所采纳，为西汉王朝的建立作出了重要贡献。刘邦统一全国后，他被封为留侯，在巩固汉朝政权、消灭异姓王方面，也帮助刘邦出了不少主意。后张良为了躲避西汉最高当权者的迫害，遂告老隐居留城（今山东省微山县微山岛），并在此地去世，现岛上仍留有张良墓碑。

萧何，沛县（今属江苏省）人。早年在家乡沛县做过县吏，后佐刘邦参加反秦起义，起义军攻入秦都咸阳，他搜集了秦王朝律令、图书和档案，掌握了全国山川险要，郡县户口和当时社会情况，为刘邦制定政策、指挥战争积累了可靠资料。楚汉战争中以相国身分留守关中，建立汉朝的宗庙社稷，制定法律制度，在局部地区首先恢复社会秩序，安定人民生活，输送士卒粮饷，支援统一全国的战争，对刘邦战胜项羽、建立汉朝起了重要作用，后被封为赞侯。他总结在关中的法制实践经验，以秦律六篇为基础，制定了《汉律九章》，巩固了汉王朝统治。特别是他重视人才，“萧何月下追韩信”的故事已搬上舞台，广为流传。

韩信，淮阴(今江苏省淮安市)人。幼年时父母双亡，家贫失业，过着游荡生活。常从其下乡南昌亭长寄食数月，后来到城外河边钓鱼，靠卖鱼糊口，常常饿着肚子，曾受一漂母寄食。他在市中又受“胯下之辱”。后来参加反秦战争，在楚汉对峙时，又投奔刘邦部下，经萧何推荐，拜为大将军，击定三秦，占关中，破赵军，俘赵王，战成皋、垓下，击灭项羽，为西汉王朝的建立立下了赫赫战功，被封为淮阴侯，后被人告发谋反而被诛。

刘邦在夺得天下后，大宴群臣时说：“运筹帷幄之中，决胜在千里之外，我不如张良；运粮草，保障供给，治国家，安抚百姓，我不如萧何；统兵百万，攻必克，战必胜，我不如韩信。”这段话妥当评价了“三杰”的功勋。

㉜我国封建社会第一个临朝称制的女皇帝是谁？她是什么地方人？

我国第一个临朝称制的女皇帝是汉朝的吕后。吕后，名雉，山阳单父(今山东省单县)人。早年由父亲吕公做主，许配刘邦为妻。她嫁给刘邦后，生有一男一女，男的叫刘盈，即后来的汉惠帝，女的就是后来的鲁元公主。刘邦任亭长时，她带着两个孩子在家劳动。刘邦在芒砀起义后，曾被秦朝地方官拘捕下狱，出狱后仍一直呆在家中。楚汉相争时，她又被项羽俘虏，囚于彭城，直到楚汉战争结束前夕，才被释放归汉。公元前202年，刘邦即皇位后，被封为皇后。吕后的政治活动，就是从这时开始。

吕后在刘邦做皇帝期间，做了8年皇后，主要是围绕废立太子问题开展了斗争，由于朝中张良、萧何等老臣的劝谏，刘邦废立太子刘盈的主张未能实现，吕后的势力日益壮大。另外，吕后还辅佐刘邦先后诛杀了韩信和彭城，得到了赞誉。刘邦死后，其子刘盈即位，她被封为皇太后达7年之久。她毒死赵王如意，害死了刘邦宠姬戚夫人。刘盈死后，她临朝称制，实际上做了我国第一个女皇帝，在位8年。她称制后，公然置刘邦约定的“非刘氏而王，天下共击之”的盟誓于不顾，分封诸吕子弟为王；令吕台和吕产分领南北军，控制了卫戍京师的军队；接连杀掉刘邦另外两个儿子，进一步排除刘氏势力；在朝廷安插自己的亲信审食其为左丞相，“公卿皆因而决事”，“号令一出太后”。吕后虽在篡夺朝中大权时手段极其残忍，但在称制处理政务时，仍采用黄老思想，实行“休养生息”、减轻租税等政策，促进了汉初封建经济的发展，为尔后的“文景之治”创造了条件。

㉝西汉时我国著名的图书目录学家是哪两位？他们的学术对后世有什么影响？

西汉初年，泗水岸边的沛国(今江苏省沛县)出生了两位著名的经学家、图书目录学家刘向及其子刘歆。刘向字子政，原名更生。汉武帝时对图书事业十分重视，“开献书之门”，到成帝时，全国出现了“书积如丘山”的局面。整理国家藏书、编制图书目录成为当务之急。此时，刘向为光禄大夫，奉诏在天禄阁领导校书工作。对全国征集来的图书，进行诸册校勘、整理，最后对每一部书都写成叙录一篇，介绍作者的生平行事、作品思想内容、价值及学术源，校雠经过。他治学态度严谨，实事求是。对于不知作者的书，就题为不知何人所作，从不胡乱猜测；对于后人所作托古人名字的书，也不随便相信。他撰写的这些叙录，均有事实依据，价值很高，对后世了解、阅读古书有很大帮助。刘向又把前后所写的叙录汇集一起，编成《别录》20卷。这是我国古代第一部比较详细的书目提要，系统地总结了先秦以来的学术发展情况，对后世影响深远。

刘歆继承父业，以《别录》为基础，进一步做了分类等工作，即“集六艺群书，种别为《七略》”。把国家图书，分为辑略、六艺略、诸子略、诗赋略、兵书略、数术略和方技略，共7卷。其中辑略总括六略，是一篇学术简史，对先秦一直到西汉学术思想的源流演变，作了扼要的叙述。六艺、诸子、诗赋、兵书、数术、方技六略是6个大类，下再分为38个小类，著录图书603家，13 219卷。这个图书分类法奠定了我国封建时代图书分类的基础。这一部图书分类体系比德国吉士纳的《万象图书分类法》要早1 500多年，在世界上处于领先地位。

㉞《说文解字》的作者是谁？他对我国文字学的研究有什么贡献？

《说文解字》的作者是出生于淮河流域的许慎(约公元58年至公元147年)。许慎字叔重，生于东汉汝南召陵(今河南省郾城县)，是东汉的大文字学家、经学家。他一生从事文字学研究，认为“文字者，经艺之本，王政之始，前人所以垂后”。于是搜罗文字诂训，博采众说，编著《说文解字》一书，收字9 353个，按字形偏旁的结构分列 540 部,始“一”终“亥”。据形联系,创部首编排法,字项下以小篆为字头,附以古文、籀文等异体重文,依据象形、指事、会意、形声、转注、假借等六书体例解释文字,分析造字的含义和字形的结构,并注以读若直音,是一部解说字义、辨识字音的不朽著作,在学术上的贡献是巨大的。

由于《说文解字》一书体例完整,内容丰富,所以成书不久,就为当世学者所重。如大经学家郑玄注《三礼》时,就曾援引其书解释词义。应劭在著《风俗通》和晋灼注《汉书》时,也都引用了许书。至于在许慎以后出现的字典辞书,也都是以许书为典范,并从中得到启示而编成的。《说文解字》成为语言文字学中的一部经典,不仅在我国语言文字学史上有重要地位,而且在世界语言文字史上也有重要影响。如日本的学者中,研究《说文解字》的人便不少,甚至成立了《说文》学会等组织,以推动其书的研究。在我国无论从事考古工作也好,从事整理古籍、研究古代文史也好,凡是要接触古代文字的,都必须通过学习《说文解字》入手,至今,仍有实用价值。

现郾城县城东 10 公里处许庄,尚有许慎墓冢,供人瞻仰。

㉟我国古代淮河流域出过哪两位农学家?对中国传统农业作了哪些贡献?

我国自古以来,向以农立国,历代对农业技术的研究极其重视。淮河流域地处中原腹地,农业较为发达。远在西汉时期,今山东省曹县诞生了举世闻名的农业科学家氾胜之。他总结了当时农业生产经验,发展了战国以来的农学,写成农书 18 篇,即后世通称的《氾胜之书》。《氾胜之书》首次系统地把整个农作物栽培过程,当作一个有机的整体加以研究,指出“趣时(及时耕作)、和土(土地的利用和改良)、务粪(施肥)、保泽(保墒灌溉)、早锄(中耕除草)、早获(及时收获)”这6个不分割的达到丰产丰收的基本环节,并对之作了具体阐述。如按不同土质,分别情况,在最适合的时期和干湿度状态下进行耕耱,以便使土壤疏松。书中还在前人分期施用基肥、追肥等技术基础上,总结出“溲种法”——施用种肥的方法,即在种子外面裹上一层以蚕矢、羊粪为主要原料的粪壳,这样幼苗可以及时取得足够的养料,使根系迅速生长,幼苗得到良好的发育,从而增加植株的抗旱、抗虫的能力。又如,它提出一系列“保泽”(即保墒)的方法,认为要视雪情、雨情、旱情、季节早晚、土壤结构等不同情况,而采取或“蔺”(镇压)或“掩”(掩压)或“平摩”(耱平)等合乎科学原则的不同方法。书中还总结了禾(谷子)、黍、麦、稻、豆、麻(大麻)和桑等10多种粮食作物和经济作物的栽培法,研究了这些作物的特殊生长规律,论述了整地、播种、田间管理直到收获的一系列方法,从而奠定了我国古代传统作物栽培各类论述的基础。

元朝,今山东省东平县又出生了一位杰出的农艺家王祯。他曾在今安徽省旌德和江西省永丰等地做县尹,提倡农桑,重视农业科学的研究,在农业生产实践的基础上,写了《农书》科学著作。全书分3个部分:一是“农桑通诀”,综述我国农业发展全貌,如历史、耕垦、播种、粪肥土壤、灌溉、收获、植树、畜牧等方面的内容;二是“百谷谱”,分述各种农作物、菜蔬、瓜果、竹木等种植栽培方法;三是“农器图谱”,主要由图谱组成,附以文字说明,主要是对各种农具、水利机械、手工业加工工具等进行详细的说明解释。《农书》是一部从全国范围内对整个农作物系统进行研究的重要农学著作,在我国农学史上占有重要地位。

㊱“衣锦还乡”时的刘邦、“四面楚歌”时的项羽各发出什么感慨歌咏？

西汉高祖十二年(公元前195年)，刘邦在东征叛军黥布的凯旋途中，路过沛县家乡。这次回乡与以往回乡，或是游子回乡心情自然不同，刘邦是以皇帝尊贵殊荣回沛县的。所谓衣锦还乡，刘邦心情自然十分得意，在与父老共庆的宴饮时，席间起舞，高唱：“大风起兮云飞扬，威加海内兮归故乡，安得猛士兮守四方”，显示出君临天下、威震宇内的非凡气概。这就是历史上有名的大风歌。

项羽面临四面楚歌的可悲境地，发生在西汉高祖五年(公元前202年)。在这之前的无数次楚汉之战，几乎每次都以项羽获胜而结局，然而这一次却全军几十万人马被围困垓下(今安徽省固镇县)，项羽面临兵无斗志、思乡心切的军队，深夜走出帐房，只听自己军营传出的是四面楚歌。项羽见大势已去，感受到英雄末路的苦闷，在心爱的人虞姬舞剑悲歌和战马乌骓哀鸣的同时，压制不住内心的悔恨和悲愤，禁不住高歌：“力拔山兮气盖世，时不利兮骓不逝，骓不逝兮可奈何？此歌虞姬奈若何？”此歌气势非凡，虽是英雄末路没奈何之词，但也不失为是慷慨悲歌的传世绝唱。虞姬是项羽故乡宿迁之东的沭阳人，后人也传她为项羽唱了一支很悲伤的歌曲：“汉兵已略地，四方楚歌声。大王意气尽，贱妾何聊生。”唱罢自刎，演奏一曲传颂千古的《霸王别姬》的戏文。

㊲淮河的“淮”字，其结构和内涵各有什么文化寓义？

淮河的“淮”字是我国最古老的文字之一。3 000多年前的殷商甲骨文中，记刻的淮字有七片之多，其主要结构与今文“淮”字相同，仍是由“水”字和“隹”字两个字组成，没有任何改变。按照许慎在《说文解字》中解释为形声字，以水为名，以隹为声。隹也是独体的象形字，音追，甲骨文写作“”。《辞海》解释，隹的本意是短尾巴鸟的总称。据历史学家们说，我国古代部落以鸟或兽作为部落图腾的很多，其中西部的部落多以兽如虎、豹、熊等为图腾，东部的部落多以鸟如鹰、鹤等为图腾。《说文》又说：“凡隹之属都从隹”。淮字从隹，一定与短尾巴鸟有关。因而，在古淮水之滨的部落以短尾巴鸟“隹”为图腾的部落，当时很可能是领域广大，且能代表淮河特征的部落，因而以“水”和“隹”两个单体字合成一个形声字“淮”字。

对“淮”的文化涵义，《风俗通·四渎篇》释为“淮，均也，均其务也。”《春秋说题辞》释为“淮者均其势也。”这两项是从政治、军事上和立国、治国的根本上来说的。《释名》说：“淮，围也，围绕扬州分界东至于海也。”《说文解字注》说：“古人说淮水曰，淮，围也，从淮则亦围也。”这两项可能是从水域特征上来说。后来的气候变迁，黄河夺淮，淮河主流入江，就失去这一特征，“围”的自然地理区域单元被打破，因而在解放前形成了淮河流域多灾多难的历史。

㊳文学史上的“三曹”是指哪三个人？他们对建安文学有什么贡献？

“三曹”是指东汉末年的曹操、曹丕、曹植父子。因为在诗文赋的创作上有重大贡献，故文学史上又称他们是“建安文学”的开启人。曹操是“外定武功，内兴文学”的文武双全的领袖人物，由于他和两个儿子曹丕、曹植都曾被卷入东汉末年极度动乱的时代旋涡，直接指挥参与军旅生活，了解了基层人民大众的困苦，因而他们的作品一扫内容空泛的东汉宫廷作品之风，继承了乐府民歌“缘事而发”的精神，自由作诗，反映了新的现实，表现出新的面貌。同时曹氏父子一方面凭借政治上的领导地位，广泛地收罗文士；一方面用自己富有创造性的作品开创文学上的新风气。曹操对建安文学有始开风气的作用，其中以乐府古题写时事的做法，对后来的新乐府有很大启示；盛唐时杜甫的"即事名篇"的新题新事乐府、白居易等掀起的新乐府运动是与之一脉相承的。曹丕不仅有形式多种多样、内容更为广泛的好诗，而且其《典论·论文》对建安文学理论还作出较好的总结，有一定的理论奠基作用。曹植不仅是三曹中，也是建安文学成就最为突出的文学家。曹植一生以曹操死、曹丕称帝为界限，前期壮怀高歌，追求理想，后期较多激愤之情，所以，他的作品充满追求与反抗，富有气势和力量，正如《诗品》评价曹植的诗"骨气奇高，词采华茂"，是很中肯的。

㊴"建安七子"是指哪七位文学家？他们的活动中心在什么地方？其中，出生在淮河流域的有几位？

"建安七子"是曹丕《典论·论文》列出的七位文学作家："今之文人，鲁国孔融文举、广陵陈琳孔璋、山阳王粲仲宣、北海徐干伟长、陈留阮禹元瑜、汝南应易德琏、东平刘桢公干。斯七子者，于学无所遗，于辞无所假，咸以自骋骥于千里，仰齐是而并驰。"鲁国即今曲阜，广陵即今扬州，山阳即今淮安，陈留即今开封市东，汝南即今河南省中部，东平时跨济、淮、黄河流域，惟北海在渤海西。其中孔融虽过早被曹操所杀，但他们都是曹氏父子的僚属，都在许下(即河南省许昌市，曹丕受禅之地)创造出许多优秀作品。王粲是"建安七子"中成就最高的文学作家，《诗品》称他为"七子之冠"。陈琳、阮禹有许多反映现实的作品，如《饮马长城窟行》(陈琳)和《驾出北郭门行》(阮禹)，前者揭露当时繁重的徭役，后者揭露冷酷无情的家庭关系。他们又以书檄擅名当时，陈琳《为表绍檄豫州》、阮禹《为曹公作书与孙权》都是檄文中的千古名篇。刘桢擅长写长诗,徐干擅长写情诗,应易的诗也名重当时。他们都为“建安风骨”的形成作出了卓越的贡献!

㊵徐州市已发掘的汉墓有几座,有何文物价值?

“千古龙飞地,一代帝王乡”这是人们对徐州市古老文明的赞颂。

公元前206年,刘邦推翻秦王朝,建立西汉,封其弟刘交于徐州为第一代楚王后,一直延续了十三代楚王。五代彭城王,王陵也大都葬在徐州市周围的群山之中。在全国,汉墓如此集中的只有徐州。所以,徐州是汉文化的集萃地。

现已发掘的汉墓有八座,即徐州市西郊龟山楚襄王刘注夫妇合葬墓;铜山县夹河乡卧牛山楚王刘纡墓;东洞山楚王刘延寿墓。还未确定墓主的有:徐州市东郊狮子山楚王墓;驮篮山楚王夫妇墓;北洞山楚王墓,南洞山楚王墓。其中北洞山、龟山、狮子山三座堪称是徐州汉墓的代表。

北洞山汉墓位于徐州铜山县茅村乡洞山村,1986年9月发掘。此墓依山凿石而建,甬道60米,全用长2.6米、高与宽近1米的巨型条石叠压封塞。主体墓室在甬道尽头,皆凿山而成。计有起居室、会客室、洗漱室、用膳室、厨房、仓库、柴草室及厕所等,共大小26个墓室,不仅墓室最多,而且结构复杂,构筑方式奇特,总面积达560多平方米。最大的石室面积为46.5平方米,高3米。墓内还凿有水井一眼。墓室各部分均用防腐防潮的朱砂粉涂刷,满室红光,宛如殿堂。这种“致以丹漆”的葬俗,只有秦始皇陵才有。在这座汉墓里出土了大量的彩陶俑、金带钩、玉器等。

龟山墓是1982年11月发掘,该墓为两座并列相通的夫妻合葬墓,分为南北两墓道,双甬道长56米、高1.78米、宽1.06米。

墓室有15间，主次墓室分明，室与室相通，大小配套合理，总面积达600多平方米。这座墓雕凿工程之浩大，气势之雄伟，是国内罕见的地下宫殿，堪称西汉神工，天下一绝。现代人用高科技的激光探测，才发现南北两个墓道平行最大偏差仅为5毫米，古人全靠一锤一钎，能凿得精确性如此之高，在当时可称为世界之最。这也可以看出古代劳动人民的聪明才智。

狮子山汉墓是1995年1月发掘，该墓为劈山建陵，天井壮观，甬道修长，耳室众多，出土有金缕玉衣、玉杯、兵器等众多国家级珍贵文物。计有汉印百余方，兵器200多件，金、银、铜、铁、玉、陶、石器1 000多件套，在储藏室，还有食物符离集烧鸡等，这座墓称为1995年中国考古十大发现之一。

汉代人如此重视建墓，是当时盛行薄养厚葬的风俗所致。那时的人认为，人死后只是换了一个地方生活，所以一定要把陵墓生活设施安排好，使人死后仍能过着人间的一切享乐生活。

㊶江苏省徐州市汉代兵马俑是何时发掘的，有何价值？

徐州市东郊狮子山彩绘兵马俑，是1984年12月，在西汉楚王墓葬陪葬坑内发现的。这是中国考古界对秦汉兵马俑的第三次大发现。

徐州兵马俑坑6个，其中5个步兵俑坑，一个骑兵俑坑。兵马俑比秦始皇兵马俑要小，一般站立俑高40厘米，坐俑25厘米，将军俑50厘米，车、马同比例缩小。兵马俑的色彩，一般以白粉做底，辫、额、唇、领、袖缘涂红色，因烧焙程度不同，有的呈黄褐色，有的呈青灰色。兵马俑的队形统一，着装各异。有身穿战裙、脚穿高靴、身着箭服的站立俑；有头戴风盔、身披重甲的兵士俑；还有双手执器的坐俑。

据史学家研究，这种兵马俑属汉代王侯的地方军队。整个兵马俑的布局和形式证明徐州这个兵家必争之地人民的尚武精神和武备意识。徐州兵马俑，与徐州汉墓、汉画像石并列为“汉代三绝”，对研究中国汉代兵制战阵、中国雕塑史、制陶史有重要参考价值。

㊷我国的二十四个农时节气是何时何人创立的？它与淮河两岸农耕习俗关系如何？

我国劳动人民对季节的观念，历史悠久。在西周时期，已有“二分”、“二至”，即春分、秋分、夏至、冬至。春秋战国时又增加了“四立”，即立春、立夏、立秋、立冬。人们一年四季的观念当时已很明确。在《管子》一书中，则出现大暑、中暑、小暑、大寒、中寒、始寒、春至、夏至、秋至、冬至等有关节气的名称。

到了西汉，淮南王刘安继承了前人科学文化的优秀成果，潜心研究天文、地理和四季转换的规律，创立了二十四节气。他用天文学成就，按北斗星运行方向，以斗柄所指确定四季的标准来划分二十四节气。刘安在《淮南子·天文训》中说：“斗日行一度，十五日为一节，以生二十四时之变”。具体分配情况是：冬至距大寒 46 日，立春距惊蛰 45 日，春分距谷雨 46 日，立夏距芒种 46 日，夏至距大暑 46 日，立秋距白露 46 日，秋分距霜降 46 日。

在公元前 139 年成书的《淮南子》对二十四节气的排列次序与现在使用的完全一样。二十四节气所具有的科学性和规律性，充分说明淮南王刘安及其门客的超群智慧。对于这样精妙的安排，不仅令当时世界各国望尘莫及，就是在 2 000 年后的今天，中外科学界也公认是一件伟大的成就。

由于二十四节气科学确切地反映出一年中季节与气候规律性的变化，而且每个节气又都固定在一定的日期上，因此，不但使用方便，而且成为指导农时的重要指标，被广泛运用于农业生产。如西汉农学家氾胜之（山东曹县人），总结当时农业生产经验，写成的农书《氾胜之书》就指出："种麦得时无不善，夏至后七十日可种宿麦（冬小麦），早种则虫而有节（冬前拔节），晚种则穗小而少实；水稻：冬至后一百一十日可种稻等"农时播种的记载。

淮河流域古代科学家刘安和氾胜之所创造的指示农时的二十四节气，以及节气名称所反映的气候现象，2 000 多年来一直是我国农业生产的指南。在沿淮地区流行的农事谚语，也是有力的佐证。

春种农谚：九尽柳花开，农活一齐来。过了惊蛰节，耕地不停歇。清明前后，点瓜种豆。清明后，谷雨前，种上高粱就种棉。清明玉米，谷雨花（生），谷子播种到立夏。谷雨播早秧，节气正相当。

夏种农谚：春种争日，夏种争时。大暑前，小暑后，两暑之间种绿豆。芒种芒种，样样要种。

秋种农谚：白露早（9 月 8 日），霜降迟（10 月 24 日），秋分（9 月 23 日）寒露（10 月 9 日）正当时（冬小麦）。

淮河流域由于有南稻北麦之分，各地民俗活动虽有区别，但目的均为祈求风调雨顺，五谷丰收。每年立春前后，各地举行试牛开耕活动，把牛和犁披上红布，鸣放鞭炮，老农牵牛到田里转两圈，庆贺开耕。

在封建时代，农民把丰收视为土地爷的恩赐，各地普遍建有土地庙，祭土地神的活动。二月二，农村举行"社日"活动，纪念土地爷诞辰。八月初一，到土地庙举行谢土仪式。

43"风声鹤唳，草木皆兵"的典故是怎样来的？

这个典故出自我国东晋时期秦晋淝水之战。这场战争，东晋用8万军队打败前秦百万大军，这是我国历史上一次以弱胜强的著名战役之一。公元357年，苻坚夺取前秦政权，巩固了在中国北方的统治以后，为了扩大掠夺和剥削财富的范围，接连不断地对外发动战争。公元383年8月，苻坚任命他的弟弟苻融为征南将军，兵分三路大举伐晋，动用兵力达97万人。

苻融凭其强大兵力，抢先进攻，10月18日，攻占了东晋的寿阳城(今安徽省寿县)。这时，东晋胡彬率领的援军在途中闻到此讯，只好退守硖石(今凤台城南)。苻融率兵一边攻打胡彬援军，一面派大将梁成率5万兵马屯于洛涧(今淮南市东郊洛河镇)，封锁淮河航道，阻止从东面来增援的晋军。谢石、谢玄率领的晋军被阻后，在洛涧东25里处安营扎寨，加强防守。

胡彬在硖石被困粮尽，"敌少易擒"的消息报告苻坚后，苻坚亲率轻骑8 000，昼夜兼程赶到寿阳。苻坚骄横，根本不把晋军放在眼里，认为不用打，只要派几个人去劝降就行了。于是他派朱序去执行这个任务。朱序原是被俘的晋将，他见了晋军统帅谢石后，向谢石出谋献策，要乘秦军百万大军尚未全部到达，应该赶快进攻，打败秦军前锋，挫其锐气，取胜是有把握的，若等百万秦军到齐，就难抵挡了。

谢石接受朱序的建议，转守为攻，采用了集中优势兵力、各个击破的战术。11月，晋军经过充分准备之后，派勇将刘牢之率领5 000精兵，夜袭洛涧，攻破大营，首将梁成被斩，十多名大将被俘，秦兵失去主将，乱成一团，纷纷向四面八方溃逃，秦兵在黑夜中争渡淮水逃生，战死溺死者达15 000多人，使秦军锐气大伤。而晋军这一仗旗开得胜，士气倍增，晋军乘胜前进，逆淮而上，水陆并进，直指寿阳，紧逼城外的淝水列阵。秦王苻坚得知洛涧兵败，晋军紧逼淝水的消息后，忙与苻融登上城楼，望见晋军"部阵严整，士气高昂"后面带惧色。

秦晋两军隔淝水列阵对峙，谁也不敢轻举妄动。这时晋将谢玄决定采用激将法，派人对苻融说：“君远涉吾境，而临水为阵，是不欲速战？诸君稍退，令将士得周旋，仆与诸君缓辔而观之，不亦乐乎？”就是说让秦军后撤，在淝水西岸让出一片战场，以使两军决战。苻坚不听部下劝告，图谋乘晋军渡河时，“向水逼而杀之”。苻融按照苻坚的意见，命令秦军撤出前沿阵地，让出一块地盘决战，不料这道命令弄得军心动摇，阵脚大乱，加上内应朱序在阵中高呼“秦军败了”，致使苻坚的几十万大军如乌合之众，不战而逃，争相奔命。在混乱之中，因马被绊倒，苻融为晋兵所杀。秦兵大败，自相践踏而死者，“蔽野塞川”，淝水为之不流，侥幸不死者，“弃甲逍遁”，一路上听到“风声鹤唳，看见八公山上风吹草动，疑是晋兵追来。”草行露宿，重以饥冻，死者十有七八。苻坚带着箭伤单骑逃出重围，搜集余兵，溃退洛阳。淝水一战，苻坚百万大军只剩下十余万人，从此无力再战。

㊹我国最古老的嵩岳寺佛塔建于何时，有何历史价值？

嵩岳寺塔，位于嵩山南麓，太室山脚下，距登封县城6公里，这里群山环抱，林泉秀美，是嵩山的胜景之地。

嵩岳寺塔建于北魏正光元年(520年)，迄今已有1 400多年历史，堪称我国佛塔的鼻祖。该塔建在嵩岳寺内，原为北魏宣武帝的离宫，魏孝明帝时改为“闲居寺”，因为北魏崇尚佛教，在寺内建有凤阳楼、八级殿、逍遥楼、15层佛塔等，共有殿宇1 000多间，僧徒700多人。隋唐时期又有扩建，武则天陪唐高宗游历中岳时，曾以此寺作为行宫。后历经沧桑，现在嵩岳寺仅剩一座壮丽的古塔了。这座古塔，是我国现存最古老的一座多角形砖砌佛塔。塔一共15层，高40米。塔形独特，方圆12角，轮廓为抛物线形。塔的建筑极为精巧，保留了印度佛塔的风格。据地方志记载，塔的建筑是用糯米汤拌黄胶泥砌成的。该塔 1 000 多年来，历经多次地震、雷击、风雨侵袭，至今不碱不蚀，不倾不斜，巍然矗立，在我国古代建筑中属罕见，在建筑学和雕刻艺术上有极高的研究价值。现为国务院确定的重点保护文物。

㊺少林寺古往今来驰名中外的原因是什么？

少林寺位于嵩山西麓，距河南省登封县城西北 12 公里，淮河最大支流颍河上源的双溪河从少林寺门前流过。

少林寺地处群山环绕的千崖万壑之中，山环水抱，丛林茂密，宝塔点缀，山色清幽，是中州大地的“避暑”胜地。古往今来，许多帝王大臣，文人墨客，中外游客，被少林寺的古迹名胜和优美山水所陶醉，提笔赋诗、题字。古人曾用“古刹中州数少林”，“少林胜迹冠中州”的诗句来称誉它。特别是 80 年代以来，电影《少林寺》的播放，使少林寺声望大增，国内外慕名而来的游客成千上万，旅游旺季一天接待国内外游客达 6 万多人，汽车 4 000 多辆。

少林寺为什么如此驰名于世，原因很多，除了地处深山幽谷、自然环境优美外，最主要的是它独特的人文景观，这里不仅有历史价值很高的建筑、绘画、雕刻等直观形象，而且有讲究风骨、崇尚自然、修身治学、爱国自尊等文化传统。少林寺的人文景观堪称“天下第一”。少林寺堪称我国第一的有三件事：

第一是声名显赫的佛教禅宗祖庭的发源地。北魏太和二十年(公元 496 年)，魏孝文帝为了安顿印度僧人跋陀敕建少林寺，跋陀在少林寺讲经说法，主张自我解脱。继跋陀之后，北魏孝昌三年(公元 527 年)，印度“正法眼藏”第 28 祖的菩提达摩，带了一件始祖释迦牟尼的木棉袈裟，“一苇渡江”从南朝金陵来到北朝，落迹少林寺,首传简单易学的坐禅壁观为修养方式的禅宗,很受北朝士大夫阶层的欢迎而日益盛行,从此,达摩不仅成为中国佛教禅宗的一代鼻祖,而且成了中印文化交流史上有重要影响的传奇人物。

第二是少林寺的碑碣、塔林独具风采。据统计,少林寺共有石碑题记400多个,清代名儒景日昣在《观唐王告少林寺教》诗中写道:“少林古碑密如栉,高下竖卧各为质。松柏掩映发幽光,大半出自名人笔”。从唐代至清代,历代书法家的杰作珍品,少林寺都有。如唐太宗亲笔“告少林寺主教碑”;宋代大书法家苏东坡写的“观音赞”碑,黄庭坚的“祖源谛本”碑,蔡汴写的“达摩面壁之庵”碑,蔡京写的“面壁之塔”刻石,米芾书写的“第一山”碑;元代书法家赵孟頫书写的裕公碑;明代书法家董其昌书写的“道公碑”;大清皇帝康熙、乾隆御制诗书碑;日本僧人邵元和德始撰写的碑刻等。这些碑刻形式多样,真、草、隶、篆各体俱全,都是书法艺术上的珍品。

少林寺的塔林,是历代和尚的坟茔。有名望、有地位的和尚死后每人建一个塔,将骨灰放入地宫,上面建塔,以表功德。少林寺现存唐、宋、金、元、明、清各代砖塔240多座,占地14 000多平方米,是我国最大的古塔建筑群。这些古塔的建筑风格各具特色,为研究我国古代建筑和雕刻艺术提供了丰富的实物资料。

第三是少林功夫,名扬天下。少林武术,风格独特,僧兵战绩,扬名中外。少林拳、少林棍,在我国武术史上占有重要地位。在历史上,由于少林和尚精通拳术,受到历代皇帝的赏识,并利用少林僧兵为其政治服务,如唐代初年,少林13个和尚救秦王(李世民);元代福裕和尚保国有功,死后追封为晋国公;明代初年,少林500僧兵赶元王;明代小山和尚三次挂帅出征,抗击倭寇,屡立战功。据历史记载,宋代皇帝赵匡胤、明太祖朱元璋、宋代梁山好汉武松、鲁智深等都在少林寺学过艺、练过拳。由于各代朝廷的支持,少林寺发展很快。唐宋年间,少林寺建筑面积达36公顷,僧徒达2 000

多人，称为“天下第一名刹”。

㊻曹魏正始文学中的“竹林七贤”是哪几位，出生地在什么地方？

“正始”是魏齐王曹芳年号(公元240～249年)，这一时期，代表世族大地主利益的司马懿父子集团，在逐渐掌握魏国的军政大权之后，与曹魏统治者展开了激烈的争夺政权的斗争，政治异常黑暗。一些清醒、进步的文人，如阮籍、嵇康等不满现实的腐朽。他们看到司马氏假借“名教”以达到组织朋党、反魏篡权的目的，便以老庄的“自然”与之对抗，他们的作品虽是贯穿老庄思想，但在基本精神上继承了建安文学传统，较好地反映了这一时期的政治现实。

“竹林七贤”，据《三国志·魏书·嵇康传》裴松之注：“康……与陈留阮籍、河内山涛、河南向秀、籍兄阮子咸、琅琊王戎、沛人刘伶相与友善，游于竹林，号为七贤。”这是名称的由来。嵇康，谯国人。谯即今安徽亳县，陈留今开封东南，琅琊即今临沂，沛即今丰县、沛县地，河南是指黄河以南。可见嵇康、阮籍、阮咸、王戎、刘伶均为淮河流域人，向秀地望不清，惟有河内山涛是黄河以北人。“竹林七贤”最突出的作家是阮籍和嵇康。

阮籍的代表作是85首五言《咏怀诗》，内容是继承了《诗经·小雅》和《古诗十九首》的传统，但比兴手法的大量使用则是受到楚辞的影响。所以，阮籍不仅是建安以来第一个全力作五言诗的，而且能吸收多方面的影响，创造独特的风格，对后世陶渊明《饮酒》、庾信《拟咏怀》、陈子昂《感遇》、李白《古风》等都有重大影响。

㊼华佗为什么被推崇为我国古代外科“鼻祖”？他的家乡留下什么纪念性古迹？

华佗，字元化，东汉末年沛国谯县人(今安徽省亳州市)。生活年代是汉顺帝永和六年(公元141年)到汉献帝建安十三年(公元208年)。他一生致力于医疗实践，对内、外、妇、儿等科都有很高造诣，在疾病的诊断、治疗和体育保健等方面都有卓越成就。尤其突出的是，他是世界上第一个应用全身麻醉进行腹腔手术的人，为世界文明作出了重大贡献。据《后汉书》“华佗传”记载，当时他已经能够成功地进行诸如腹腔肿物摘除，胃、肠吻合等大手术。在动手术前，先让病人用酒冲服他发明的中药麻醉剂——麻沸散，待病人全身麻醉后，就用刀剖开腹部，进行手术治疗，然后缝合刀口，敷上药膏，几天后伤口即能愈合。

为了纪念我国古代名医华佗，唐代亳县人民在城内斗武营街修建了一座华祖庙。庙内大殿三间，山门三间，禅房数间，殿内有华佗像。华佗一生写下的医学著作大都失传。近几年在亳州发现的《华佗外科秘传》和《华佗外科拾遗》是否为华佗原作，有待考证。

㊽南朝阳夏谢氏文学家各有什么代表作品？

阳夏，即今豫东太康县。阳夏谢氏在魏晋时即是仕宦之家。晋室南迁，谢氏也就成为南朝的望姓大族。唐代刘禹锡的金陵怀古诗就记述：“旧时王谢堂前燕，飞入寻常百姓家”，可见谢氏在南朝地位的显赫。南朝中谢氏不仅名宦多，诗人也多。据《古诗源》载，有谢尚、谢混、谢道韫、谢灵运、谢瞻、谢惠连、谢庄、谢朓等，其中文学成就以谢灵运、谢朓为最高。谢灵运政治上的失意和寄托山水，使他的诗一举成为扭转当时玄言诗风、开创山水诗派的第一位诗人，代表作品有《石壁精舍还湖中作》：

昏旦变气候，山水含清晖。清晖能娱人，游山儋忘归。
出谷日尚早，入舟阳已微。林壑敛暝色，云霞收夕霏。
菱荷迭映蔚，蒲稗相因依。披拂趋南径，愉悦偃东扉。
虑澹物自轻，意惬理无违。寄言摄生客，试用此道推。

这首诗写他经湖泛舟归来的景色，其中“林壑”、“云霞”两句深为唐代大诗人李白所赞赏。

谢朓出身与灵运类似，但其吸收了谢灵运诗的特长，创作出了更为清新、流丽、较少繁芜辞句和玄言成分的好作品，代表作《之宣城郡出新林浦向板桥》：

江路西南永，归流东北骛。天际识归舟，云中辨江树。
旅思倦摇摇，孤游昔已屡。既欢怀禄情，复协沧洲趣。
嚣尘自兹隔，赏心于此遇。虽无玄豹姿，终隐南山雾。

㊾《颜氏家训》是一本什么样的书，作者是谁？

我国封建社会被誉为“家训之冠”的是《颜氏家训》。作者颜之推，是琅琊(今山东临沂)人。初仕于南朝梁，梁元帝江陵败亡，陈霸先篡位立齐代梁后，他便辗转流亡至北齐，官至平原太守，后仕北周和隋。颜之推学识渊博，阅历深广，通晓南北民情习俗。所著《颜氏家训》，虽多是用儒家思想教训子弟，但往往插叙其亲身见闻，从中可窥见南北士族不同风尚，历代文士无不推崇。颜之推于中原分裂、兵戈未息之时，以贯穿古今之识，寄其高洁，垂训子弟，实是难能可贵。《颜氏家训》共二十篇、两万言，古人评价为：读书养生、齐家涉世，面面俱到；辞质义直，句句堪师，真可谓“家训之冠”。

㊿《文心雕龙》的作者是谁,对我国文学发展有什么杰出贡献?

《文心雕龙》创作于我国南北朝时期,作者刘勰(公元 466～520 年),字彦和,祖籍莒(山东莒县)人,少时家贫不能婚娶,皈依当时名僧曾佑十余年,博通经史。据说《文心雕龙》的创作是公元 502 年,在莒县定林寺完成的。1962 年郭沫若为纪念《文心雕龙》成书 1 460 年,亲自命名并在定林寺题字"文心亭"。刘勰曾在南朝齐梁时任过小官,晚年好佛出家。

《文心雕龙》是我国第一部文学创作的系统理论著作,全书 50 篇,有总论 5 篇,文体论 20 篇,创作论 19 篇,批评论 5 篇。最后一篇是阐发作者创作《文心雕龙》的目的,即《序志篇》,指出是为了纠正离开经典本源的南朝的"学诡"、"讹滥"的文风。他认为曹丕、陆机等人的文学批评都"未能振叶以寻根,观澜而溯源",自己有责任来纠正这个根本性缺点。刘勰的杰出贡献,一是注重从历代朝政世风的盛衰来系统地探索文学盛衰变化的历史根源,因而对南朝文风的批判也就显得比较有力,不让人感到是片面说教。这是他超过前代批评家的主要成就。二是从不同角度阐发了质生于文,质文并重的文学主张,比较全面地说明文学内容和形式的辩证关系。三是创作方法的理论,如论创作构思、文章风格论等,是关于修辞、用典、对仗、声律等方法技巧的论述,对后世文学创作都有重大影响。

51 我国第一部诗歌评论专著叫什么,作者是谁?

《诗品》是我国第一部论诗的专著,作者钟嵘,字仲伟,颍州长社(今河南长葛县)人。他在南朝的齐梁时代曾做过小官。他的《诗品》是梁武帝十二年(公元 513 年)以后写成的。当时南朝诗风已经相当衰落,内容空泛堕落。为纠正这种混乱局面,钟嵘作《诗品》,品评两汉到梁五言诗作者 122 人,列为上品的 11 人,中品的 39 人,下品的 72 人。虽不一定十分正确,但对后世影响很大,一方面对某些形式主义的东西予以有力的抵制,另一方面对后代诗歌批评有很大影响,如唐代的司空图、宋代的严羽、明代的胡应麟、清代的王士祯、袁枚等论诗观点都不同程度的受到《诗品》的启发和影响。

㊾为什么说淮河流域自古以来是兵家必争之地?

之所以说淮河流域是兵家必争之地,主要从以下几方面来看:一是以镐京、咸阳、长安为中心的统一王室,平定叛乱多在淮河流域,如周文王东征平定武庚和管蔡之乱,继而又平定淮夷、徐、奄等国之乱,才使西周政权进一步巩固,这些地区均在淮河流域。秦始皇统一中国初期就担心东部叛乱,因而借东巡之机,于丰、沛建厌气台,以压服这里将要出现帝王而预见的帝王之气,又命人于徐州、泗水处打捞遗失多年的周鼎,怕有人借此夺去江山;西汉初年消灭异性王和平定吴楚七国之乱,主要战场也在淮河流域。

二是东西争权,重要战场均在淮河流域,如楚汉曾以鸿沟为界,其中许多重大战役,如荥阳之战、彭城之战、垓下之战就在淮河流域。在魏晋南北朝政权的改朝换代中,如曹魏统一北方的战争,东魏、西魏间和北齐、北周的争夺战也多在淮河流域拉锯。

三是南北朝廷的对立时期,多是以淮河为界,双方的战争多在淮河沿线进行,淮安、淮阴、寿州、濠州、申州(信阳)等沿淮一线战争更为频繁。

四是淮河流域水旱灾害多,人民贫困,奋起反对腐败官府、反对压迫、揭竿起义的多,如秦末陈胜、吴广大泽乡(今安徽宿州蕲县)起义,刘邦于丰、沛起义,汉末黄巾起义,曹操于黄巾起义时也于亳州起义,终于灭汉建魏。唐末朱温于砀山参加黄巢起义军,后代唐建立梁。北宋末宋江(郓城人)起义,元末朱元璋(凤阳人)参加郭子兴起义,建立了明朝。清末涡阳捻军大起义等等。

五是历代开国之君进行统一战争,差不多都是在淮河流域进行过决定性战役后,才取得全国胜利的。所以说淮河流域历来是兵家必争之地。

53我国古代被称为“地中”、“天中”之地在哪里,有什么名胜古迹?

河南登封县的告成镇被古人称为“地中”。《周礼·地官·司徒》载:周代人就在这里测影,“以土圭之法,测土深,正日景(影),以求地中……”由此可见,远在周代已在这里进行日影测验了。现存的“周公测景(影)台”,史载是周公旦营建洛邑时所建。北宋欧阳修也曾说:“五岳嵩当天地中”,也还是认为处在嵩岳范围内的告成为“天地之中”。

河南汝南县城有天中山,亦名天台山,高仅丈余,上土下石,可以说是天下最矮的山了。然而山不在高,以其在天地之中故名,据《重修汝南县志》说,大禹平治水土后,民无水患,遂分天下为九州,豫为九州之中,故为中州,汝南为豫州之中,故聚石垒土以标“天中”,名天中山。顾祖禹在《读史方舆纪要》说:“自古考日景(影),测分数以此为正。”可见汝南天中山的测影台是被古人视为标准的测影台了。

54“鉴真东渡”是怎么回事？它对中日文化交流有什么意义？

中日两国是“一衣带水”的邻邦，早在秦汉时期就已经有了交往。到了唐代，中国的封建经济和封建文化的发展进入了繁荣时期；日本则处于封建制代替奴隶制的变革时代。进一步扩大中日交往，当时在两国都有了新的需要和可能。在中日友好交往高潮中，淮河流域的扬州出现了“鉴真东渡”的盛事。它与“唐僧取经”一样，传为千古佳话。

鉴真（公元688～763年），俗姓淳于，扬州人，14岁出家为僧，鉴真是他的法号。他早年在长安、洛阳等地游历，后定居扬州大明寺。鉴真对佛经深有研究，戒律部分尤为精熟。天宝元年（公元742年）应日僧荣睿、普照的邀请，于次年第一次东渡，几经挫折，前5次东渡均未获成功，鉴真辛劳过度，感受暑热，双目失明，先后共有36名中国人和日本人在5次东渡中牺牲。尽管路程艰难，代价极重，鉴真东渡的决心始终坚定不移。天宝十二年（公元753年）65岁的鉴真率领20多人，乘一艘回国的日本木船，第6次东渡，终于成功到达日本九州岛，受到日本朝野僧侣的欢迎。翌年在奈良东大寺建筑戒坛，传授戒法，日皇、皇后等400多人皆从受戒，日僧灵裕、贤戒、志忠等80余人皆舍旧戒而改受新戒，为日本佛教徒登坛受戒之始。公元759年又于奈良兴建唐招提寺，并设戒坛，前后受戒的达4万人以上。此形成日本律宗，而鉴真即为该宗初祖。鉴真还曾将中国的建筑、雕漆、医药学等介绍到日本，为中日两国文化作出了卓越贡献。为了纪念鉴真，当时就有一位日本学者写了《唐大和尚东征传》，介绍他的事迹。相传是鉴真弟子塑造的鉴真干漆坐像，一直安放在唐招提寺，并被定为日本“国宝”。新中国成立后，扬州大明寺旧居修建了鉴真纪念堂，堂院占地2 540平方米，前面是门厅，上悬篆书鉴真纪念堂匾额。中间碑亭，内立横式纪念碑，碑通高2.06米，宽3米，正面刻郭沫若书题“唐鉴真大和尚纪念碑”，背面刻赵朴初撰书的碑文。后面殿堂，按照唐代寺庙殿堂的结构和形式建造，堂内正中为鉴真干漆夹纻塑像。中日两国至今怀念这位文化的使者。

55唐代我国著名史学家刘知畿是什么地方人？他的主要著作是什么？

唐代著名史学家刘知畿（公元 661～721 年），字子玄，出生于古泗水岸边的彭城（今江苏省徐州市）。他一生专攻史学，长期兼任史职，通览秘籍，并深知官设史局弊病。在修唐史和《则天大皇后实录》中，因与监修大臣武三思等不合，郁愤不平，退出史局，私撰《史通》以见志。《史通》为中国第一部史学评论专著，书成于中宗景龙四年（公元 710 年），分内外篇。内篇 10 卷 36 篇，多论史书源流、体例和编纂方法；外篇 10 卷 13 篇，多论史官建置沿革及史书得失。

刘知畿在《史通》中提出史学应脱离文学，记载应因时因事而变革，贵今轻古，详近略远。主张轻传闻而重经历，杂史、雅言相互印证，出土的直接材料尤为注重。他更提出史家必须兼有才、学、识三长。指出：有学无才，虽有良田百顷，黄金满筐，而让愚笨的人去经营，最终还是不能增值生利；有才无学，犹如巧匠而无木材和工具，仍然建筑不成房屋；有才学而无识，即是“学穷千载，书总五车”，也是无用。他所谓的史识，也就是史德。提倡秉笔直书，“不掩恶，不虚美。”他主张写史要反对润色侈言，妄加粉饰；反对涉嫌隐讳，阿时曲笔；反对文过饰非，诋毁别人，美化自己；反对好奇立异，虚构蜃楼；反对心挟爱憎，捏造臆说。他的这些主张对以后的史书和地方志书的编写，均有深远影响。

56梁山伯与祝英台动人的爱情故事，通过戏剧和音乐在国内外广为传唱，形成了一种独特的文化现象。这两位传奇人物的故里在哪里，有什么根据？

梁山伯与祝英台的爱情故事，由越剧和电影的传播，已变得家喻户晓。上海音乐学院何占豪和陈钢创作的小提琴协奏曲《梁祝》(外国人称“蝴蝶情侣”)传遍海内外，成为中国音乐史上最具有声誉的经典交响乐名曲。

听过《梁祝》优美乐曲的人千千万万，但是梁山伯和祝英台是哪里人，却知之甚少了。1997年，随着中央电视台拍摄的纪实片《千古绝唱出天中》的播放，把鲜为人知的梁祝故里——河南省汝南县(古代曾称为天中)灿烂历史文化展示给海内外观众。

根据近年来许多历史学家深入研究和论证，梁山伯与祝英台在历史上不仅确有其人，而且确有其事，梁祝故里就在河南省汝南县马乡镇。

梁山伯与祝英台的故事发生在西晋年间(距今1 600余年)。在汝南郡南60里有个梁庄，庄上有个年轻人叫梁山伯。梁山伯为求功名，到红罗书院求学，路过曹桥在路边亭子里休息。在距梁庄往东9公里有个朱庄，庄上朱员外小女叫朱英台，朱英台女扮男装，化名朱九弟，也前往红罗书院求学，在曹桥亭旁与梁山伯相遇，结拜为兄弟，同赴红罗书院学习三载。由于师娘相助，朱英台女儿身未露。后来，朱英台被父母许配给马庄秀才马文才为妻。由于朱英台与梁山伯私订婚约，不愿嫁给马文才，从而导致了一场千古悲剧的发生。由于朱与祝是谐音，由于方言关系，后人编写说唱故事时，把朱英台写成祝英台流传后世。至今在汝南县西南仍有梁庄、朱庄、马庄、红罗书院等地名存在。尤其在马乡镇一带流传着很多梁、祝的故事和传说，上至七八十岁的老人，下至十多岁的孩子都能说唱一段梁祝的故事小曲。由于1 000多年来梁祝故事在汝南形成的独特民俗至今犹在，所以，在汝南及河南省形成传唱梁祝的民歌、曲艺及戏剧也很多。据《中国豫剧大词典》主编、著名戏曲研究专家马紫晨讲："早在400多年前的明朝万历年间，河南省就有了罗圈戏《梁山伯》，豫剧《梁山伯与祝九红》，河南曲子《梁山伯上学》、《攻书》、《送友》，豫南花鼓《西窗会》、《讨药引》，二爽弦《红罗山》等剧目。在全国诸多剧种中，河南省地方戏反映梁祝故事的戏最多，时间最早。"

1964年，梁山伯与祝英台的墓被发掘，墓中出土的陶马、陶牛、玉器陶神像、刻画墓砖等文物，经考古专家鉴定，确定为晋代器物，与文献记载相符。从而，汝南县马乡被史学界正式确认为梁祝的故里。

㊼"书圣"王羲之是什么地方人？他对我国书法艺术有什么贡献？

"书圣"王羲之，东晋书法家，琅琊(今山东临沂)人，历任江州刺史、右军将军，人称"王右军"。其书法，早年从卫夫人(铄)学，后草书学张芝，正书学钟繇，并博采众长，精研体势，推陈出新，一变汉魏以来质朴的书风，成为妍美流便的新体。其书备精诸体，尤擅正楷、行书，字势雄强多变化，为历代学书者所崇尚，影响极大，书迹刻本也很多。

㊽"画圣"吴道子是哪里人？他的绘画有什么特色？

"画圣"吴道子是唐代画家，阳翟(今河南禹县)人。少时孤贫，相传曾学书于张旭、贺知章，未成。改习绘画，年方二十，已有成就。当过小吏，又做过瑕丘(今曲阜)县尉。浪迹洛阳时，唐玄宗闻其名，任以内教博士，在宫廷作画。吴道子擅长佛教、道教人物画。吴道子远学南朝张僧繇，近学唐人张孝师，笔迹磊落，势状雄峻，生动而有立体感。又长于作壁画，在长安、洛阳曾作壁画 300 余间，情状各不相同。写佛像圆光、屋宇柱梁，或弯弓挺刃，都是一笔挥就，不用规矩。早年笔法较细，风格稠密，中年变为遒劲、圆润，点划之间，时见缺落，有笔不周意周之妙。所写衣褶，飘飘欲举。喜用焦墨勾线，略加淡彩，自然超出绢素，被后人称为“吴装”；有时则只见墨迹，意态已足。这些特征对后人影响都很大。吴道子还兼工山水画，特别是作蜀道之景，则自成一家。传说曾于大同殿壁画嘉陵江三百余里山水，一日而毕。苏东坡称赞：“画圣吴道子，古今不变，天下之能事毕矣。”

59我国古代“四大书院”之一的嵩阳书院，在我国教育史上发挥了什么作用？

嵩阳书院是官办书院，在中州教育史上是一颗灿烂的明珠。书院位于河南登封县城北 3 公里嵩山南麓。面对颍河支流双溪河，西依少室山，东临万岁峰，院内有我国稀世珍宝——汉武帝加封的将军柏树，阅历 3 000 岁。书院门外有唐天宝三年（公元 744 年）刻立的大唐碑，高 9 米，宽 2.04 米，为嵩山地区最大的一通唐碑。李林甫撰文，碑文的主要内容是记述嵩阳观道士孙太冲为唐玄宗李隆基练丹九转的故事。

书院环境古幽，景色宜人，文物奇特，是中原育人的好地方。嵩山书院的教育史可追溯到南北朝时期。书院初建于北魏太和八年（公元 484 年），名为嵩阳寺，为佛教活动场所，唐改名“奉天宫”，宋代改为嵩山书院。从此以后，一直是历代名人讲授经典的教育场所。历经元、明、清三代重建和增建，书院达到鼎盛时期，当时学田有113.3公顷，僧徒达数百人，藏书达1 000多册。比较珍贵的古籍书有《朱子全书》、《性理精义》、《日讲四书》等。嵩阳书院与湖南省岳麓书院、江西省白鹿书院、河南商丘睢阳书院共称为我国古代“四大书院”。宋代理学的奠基人程颢、程颐，极有建树的政治家司马光、范仲淹，清代韩林、耿介及清末革新派人物康有为都先后在嵩阳书院讲过学，司马光的《资治通鉴》书稿就是在这个书院撰写的。

书院学风很盛，四方求学者不远千里来此院就读，在教师循循善诱指教下，涌现出许多优秀学生，清代九任御史的景日昣，就毕业于嵩阳书院。

⑥⓪唐代末年农民大起义在什么地方暴发？他们的领袖是谁？

唐代末年，由于藩镇混战，横征暴敛，人民生活在水深火热之中。咸通十四年(公元873年)，黄淮之间发生大旱，夏秋庄稼颗粒无收，饿殍遍野，鲁西南一带灾情特别严重，在曹州流传着一首歌谣：“金色蛤蟆争怒眼，翻却曹州天下反”。这首歌谣暗示着一场革命风暴将要发生。

唐乾符元年(公元874年)十二月，王仙芝(山东鄄城人)聚众3 000人，首先在长垣起义，他自称“天补平均大将军兼海内诸豪都统”，表示要统率天下豪杰，均平人间不平。起义军很快攻下曹州，声威大震。乾符二年六月，黄巢(山东菏泽人)率众几千人在冤句起义，响应王仙芝。两支起义军很快汇合一起，“民之困之重敛者争归之，数月之间，众至数万”，转战南北数省，向唐王朝发起了猛烈的冲击。虽然这支农民起义军最后失败了，但使唐王朝的统治开始动摇。

61 北宋末年水浒英雄宋江等好汉在何处集寨起义，现存什么遗迹？

北宋末年，为了反对北宋王朝的黑暗统治，山东郓城县晁盖、宋江、吴用等人，智劫贪官污吏的生辰纲后，就到横跨郓城、梁山等县的梁山泊安营扎寨，于宣和元年（公元 1119 年）举行农民起义，转战东京、山东和两淮地区，官兵数万莫敢抗拒，宣和三年（公元 1121 年）二月，南下沭阳（今江苏省沭阳县）、海州（今江苏省东海县），被知州张叔夜伏兵袭败。

梁山一百单八将占据八百里水泊梁山，起义虽然失败了，但是他们英勇斗争的故事，通过小说名著《水浒》留给了后人。至今在梁山还留下许多足迹，如梁山上晁盖、宋江等人聚义厅，山寨北端通往山顶的山道（群众称为宋江马道），马道南端是当年黑旋风李逵坐阵把守的关隘——黑风口。这是进入山寨的惟一咽喉，这里两侧危岩壁立，谷幽水深，大有一夫当关、万夫莫开之势。在梁山北约 30 里，当年阮氏三雄的故里石庙村（原叫石碣村）就坐落在这里，村东有三贤殿遗址。在梁山南十余里有"秦铺"，相传是当年朱贵开设酒店的地方。在梁山上下，当年梁山好汉的"赛马场"、"晒粮场"、"杏花村"王林酒店等遗迹都历历在目。现在，山东省梁山县水泊梁山的遗迹，已有大部分复建，成为人们旅游的好地方。

62 欧阳修在淮河流域担任过什么州官，有什么政绩，留下了什么文物遗址？

欧阳修和苏轼都是北宋著名政治家、文学家，又都是唐宋八大古文家之一，都曾在北宋都城汴梁（今开封）多次任过京官。

欧阳修除任京官外，还两次做过府尹，一是应天府尹（今商丘），一是继包拯之后开封府尹，政绩、声誉都很好。六次外放做州官，除青州、滁州外，先后在扬州、颍州、亳州、蔡州任知州，都属于淮河流域。今滁州大部分县市也在淮河流域，滁州琅琊山中的醉翁亭、丰乐亭都是欧阳修所建，并写下《醉翁亭记》、《丰乐亭记》等传颂千古的名篇。为纪念欧阳修，后人还在琅琊山中建有“深秀园”、“酿泉”、“野芳园”等景点，均取欧阳修文中名句来命名。在扬州，欧阳修留下古迹有平山堂，是庆历八年（公元1048年）欧阳修主持修建；谷林堂是苏轼为纪念欧阳修而建。在颍州，他带领人民兴修水利，其中有“塞白龙，蓄水西湖，灌田以为民利”。颍州西湖经过欧阳修主持修建，疏通水源，建闸、筑堤、疏浚、堆岛、建桥而成为与杭州西湖媲美的颍州西湖。由于他特别钟爱颍州风土、山水，故在告老之前曾10次上书，要求退居颍州，才在65岁得到皇帝准许。不幸的是他在归田颍州的第二年（公元1072年）病故。如今原颍州西湖东的小欧庄即是其归隐之地。他在亳州、蔡州也有许多减轻人民负担的政绩。他的《戏书示黎教授》：“古郡谁云亳陋邦，我来仍值岁丰穰。乌衔枣实园林熟，蜂采桧花村落香。世治人方安垅亩，兴阑吾欲返耕桑。若无颍水肥鱼蟹，终老仙乡作醉乡。”显示亳州世治人安的景象。

63苏东坡在淮河流域任州官多年受到人民的爱戴。他的政绩如何？

自称欧阳修门生的苏东坡仕途坎坷，曾14次往返渡淮，其中3次在淮河流域任州官，分别是北宋神宗元丰年间公元1078年4月至公元1080年3月知徐州，元祐年间公元1091年8月至公元1092年3月知颍州，公元1092年3月至8月移知扬州，虽然时间不长，但仍受到州民的拥护和爱戴。其政绩主要是三条：

一是多次上表皇上，得到同意后放官仓，赈济灾民。如公元

1091年秋，他奉调去任颍州太守，目睹灾民乞讨、流亡情况，立即写了报告，这年底和春节他将义仓数千石积谷，数十万秤煤炭分发给穷人。

二是减轻农民负担。主要是王安石变法未得到彻底实施，而一些地方又加重农民负担。公元1092年2月，苏轼由颍州移知扬州，沿途看到处处是逃亡农民，急切上书建议皇上："臣顷知杭州，又知颍州，今知扬州，亲见两浙、京西、淮南三路之民，皆为积债所压，日就穷蹙，死亡半数……访问父老，皆有忧色：云丰年不如凶年。天灾流行，民虽乏食，缩衣节口犹可以生，若丰年，举债积欠，胥徒在门，枷棒在身，则人户求生不得……"在这个报告中，还提出自己对"苛政猛如虎"的新认识。皇上得到报告后，即于这年七月下令赦免全部公债。

三是兴修水利，带领人民抗洪救灾。在颍州、扬州他带领人民兴修水利，浚治沟渠。颍州西湖治理是他亲自规划并请示朝廷动用治黄民工来治理的。在徐州任太守时间约两年，头一年夏正逢黄河南决，黄水包围州城，水深数丈，苏东坡以城为堤，甚至吃住在城上，又去兵营请"率长"，因为当时州军直接听命于朝廷，求得支援，筑成大坝，保卫了徐州安全。水退后又忙着救灾和恢复生产。为了镇水，苏东坡按"五行"黄土克水的道理，又建黄楼来镇压水魔，以免除徐州人民的今后水灾；第二年徐州地区大旱，苏东坡为祈求龙王降雨，又率官员去州东10公里与泗水相通的石潭。事后，他的诗作"起伏龙行"记载求雨的经过：以死虎的头投入潭中，搅醒伏睡的黄龙，龙虎相斗，云雨即生。当然"黄楼镇水"、"虎起伏龙"是迷信之说，但苏东坡内心是为人民办好事。此外在淮河流域还留下300余篇诗、词、赋，都值得后人凭吊神游。苏东坡死后，他的后人按他的遗志葬于北汝河上游的郏县小峨嵋山之阳。如今这里"三苏坟"遗址仍保存完好。

⑭“苏门四学士”中，秦观、张耒、晁无咎各有什么吟淮代表诗作？

苏门四学士是黄庭坚、秦观、张耒、晁无咎。其中三位：秦观高邮人，张耒淮阴人，晁无咎巨野（今菏泽境内）人，均在现在的淮河流域境内。

秦观吟淮诗代表有：

《泗州东城晚望》：“渺渺孤城白水环，舳舻人语夕霏间。林梢一抹青如画，应是淮流转处山。”记录了北宋时的泗州城被大水包围的境况。

《秋日》：“霜落邗沟积水清，寒星无数傍船明。菰蒲深处疑无地，忽有人家笑语声。”描写流经故乡高邮的邗沟秋季的景物。

张耒吟淮诗代表作有：

《硖山口》：“浩荡平波欲接天，天光波色远相连。风吹两桨初离浦，岸转青山忽对船。泽国秋高添气象，人家南去好风烟。步兵何必江东走，自有鲈鱼不值钱。”硖山口在今凤台境内淮岸上。

晁无咎吟淮诗代表作《流民》是陪苏轼由颍州太守移知扬州太守一路遇见逃荒灾民所发感慨：“生涯不复归桑田，瓦舍荆篮止道边。日暮榆园拾青荚，可怜无数沉郎钱。”

晁无咎的词《摸鱼儿·东皋寓居》写的是淮河支流泗水上的风光，寄托自己对坎坷仕途的厌倦：“买陂塘，旋栽杨柳，依稀淮岸江浦。东皋嘉雨新痕涨，沙嘴鹭来鸥聚。堪爱处，最好是，一川夜月光流渚。无人独舞。任翠幄张天，柔茵藉地，酒尽未能去。青木被，莫忆金闺故步，儒冠莫把身误，弓刀千骑成何事，荒了邵平瓜圃。君试觑，满青镜，星星鬓影今如评。功名浪语，便似得班超，封侯万里，归计恐迟暮。”东皋在今金乡县，晁无咎晚年寓居于此。

⑮元代末年红巾军起义在什么地方,首领是谁,有何历史意义?

元代末年农民起义军,最初的主力军是红巾军,因当时黄河决口闹灾,广大灾民无法生存,于是安徽省阜阳人刘福通与河北省栾城县人韩山童领导农民以红巾裹头为标记,在安徽省颍上县白鹿庄宣誓起义,先后攻占河南许多州县,当刘福通攻占亳州后,拥立韩林儿(韩山童之子)为小明王,建国号为宋。刘福通在安徽省寿县安丰战死后,定远县人郭子兴和凤阳县人朱元璋起兵响应。郭子兴死后,朱元璋掌握了兵权,他骁勇善战,足智多谋,经15年的转战,逐步成为元末农民起义的领袖人物,最后推翻了元朝,于公元1368年建立了明朝,朱元璋成了明朝的开国皇帝。明朝政府是农民起义军用枪杆子打出的江山,在我国历史上有重要意义。

⑯明代初年在凤阳县营建的明中都城,为什么昙花一现?

朱元璋领导农民起义推翻元朝政权,建立明朝,国号明,皇帝年号洪武。朱元璋在应天府(今南京)宣布称帝,对应天府作为京师并不满意。洪武元年(公元1368年)三月,徐达率军打下河南、山东,明太祖朱元璋亲自到汴梁部署军事战略,改汴梁为开封府,准备在开封建都。八月,下诏:"以应天为南京,开封为北京,朕于春秋往来巡狩"。就在下诏的第二天,徐达北伐军攻占大都(今北京),有人建议在元大都建都。于是召开群臣讨论此事,经过一年的反复考虑,最后决定以临濠(今凤阳县)为中都,并于洪开武二年(公元1369年)九月正式下诏:"命有司建置城池宫阙如京师之制"。

朱元璋在《奉安中都城皇神主祝文》里,阐述了营建中都的原因。"朕今新建国家,建都江左,然去中原颇远,控制良难,择淮水以南,以为中都”。建中都之意是“取中天下而立,定四海之民之义也”。在皇帝的诏令下达后,一场大规模营造中都城的工程开始了。派“左丞相、太师”李善长等督工营造。为工程需要,首先向全国征集建筑材料,调集劳力。据《明太祖实录》等史料统计,参加施工的技艺工匠有9万人,军士7至10万,移民民夫20万,中都(凤阳府)属11州23县民夫45万,以上几项已近上百万人;另外,还有南方几省各府州县烧造城砖的夫匠、军匠,各地采木、采石及运木运石的役夫等。由于当时凤阳“人烟稀少,土地荒芜”,外地民夫到此施工环境艰苦,在督工的强迫下“身受苦楚,病无所养,死无所归”。洪武六年九月,朱元璋亲自到凤阳工地“督工”、“赏劳”的时候,数万工匠和军士登上大殿屋脊,举行罢工示威斗争。由于工匠的示威斗争,军师刘伯温也反对说:“凤阳虽帝乡,然非天子所都之地,虽已置中都,不宜居”。加上中都城建筑标准要求太高,明代初建,财力不足,迫使朱元璋把营造六年、“功将完成”的中都城营建工程,于洪武八年(公元1375年)停下来了。把工地各种建筑材料,用在龙兴寺和皇陵工程上。

明初所建的中都城,被明末农民起义军李自成烧毁。该遗址城墙等被专家誉为“东方巴比伦”。1982年被国务院列为全国重点文物保护单位。

67 明代开国皇帝朱元璋参加农民起义前是何身份?他的祖陵和皇陵建在何处?

明代开国皇帝朱元璋幼时因家贫,七八岁时曾给地主当放牛娃,17岁到家乡凤阳县南6公里皇觉寺里当过和尚。元至正十二年(公元1352年),25岁的朱元璋投奔郭子兴农民起义军。

朱元璋和历代农民起义英雄人物一样,也受着时代的局限,在他登上皇帝宝座以后，乡土观念极重的朱元璋，深感江山来之不易。由于强烈的光宗耀祖思想，把他出生发祥地濠州视为风水宝地。洪武二年（公元1369年），朱元璋以“临濠前江后淮，有险可据，有水可漕”为由，决定把临濠府改为中都，在此兴建都城，作为统治全国的政治中心。他把天下最好的建筑材料和最有名的百工技艺都集中到凤阳，计划建设一座规模宏伟的宫殿。营建中都宫殿的人力，有史书可考的就有百万之众。这项巨大的工程，加重了人民的负担。因而，怨声载道，遭到朝野人士的反对。为了巩固大明朝刚建立不久的统治地位，安服人心，朱元璋决定“罢建”中都城。

中都“罢建”以后，朱元璋在他父母的葬地，城南十里太平乡兴建了皇陵。这是一座规模宏大的建筑群，共有皇城、砖城和土城三道城墙环绕，占地约数百公顷。当年出口都南门，十里大道上郁郁葱葱，金碧辉煌，庄严肃穆。

在皇城神道两旁，从北向南排列着32对石人、石兽。朱元璋亲撰碑文的《大明皇陵之碑》耸立其中。再往南，为朱元璋父母的陵墓，积土厚封，高大若岗阜，植以苍松翠柏。因皇陵是在中都城的南面，所以整个陵墓、殿宇、门楼等建筑都是北向中都城，以北为正门。这在我国陵墓的设计中，别具风格，极为特殊。

中都城和皇陵由于历经兵火，迭遭破坏，至今仅留下了几处城门洞和残缺不全的石人、石兽。现国务院已把这两处著名古迹列为全国重点文物保护单位，正拨款整修，准备接纳国内外游人参观。

明祖陵也称“明代第一陵”。它坐落在淮河下游洪泽湖西岸，现属盱眙县管镇乡。据《泗洪合志》记述：“明祖陵在泗州（今盱眙县）城北三十里，地名杨家墩，墩旁有窝，太祖之祖常卧其处，有道士过此曰：‘葬此可出天子’。祖闻之，以告其子，即太祖父也。后如其言以葬。”

朱元璋称帝以后，皇太子朱标，带领文武大臣和工匠去泗州城北杨家墩修建祖陵，以后陆续增修，经过28年时间，耗资巨大，到永乐十一年(公元1413年)才把他的高祖、曾祖、祖父三代的陵墓全部修建好，遂把杨家墩改称明祖陵。

明祖陵的布局是以陵寝为中心，另建皇城大殿五间，东西配殿等，建内城，周长四里十步，外土城九里三十步，城内广植松柏。在城的南北向中轴线上，对称排列着以麒麟为首的21对大型石兽、石人雕刻。明代中叶后，淮河水患经常威胁祖陵，嘉靖二十一年(公元1542年)，开始修建护陵石堤石闸。由于明清两代为了保漕，推行蓄清刷黄政策，终使泗州古城和明祖陵在康熙十九年(公元1680年)被汹涌的淮河洪水吞没了。

1963年夏，明祖陵遗址露出水面。为使这一座古迹不再被水淹，国家文物局和江苏省政府多次拨款整修，并在陵区四周筑起防水堤坝。明祖陵现已成为旅游观光的好去处。

㊳《水浒传》作者是什么地方人？其史料素材取自什么古籍？

《水浒传》作者施耐庵是江苏省兴化人，其史料素材是根据《宋史·徽宗本纪》、宋末元初的《大宋宣和遗事》以及当时民间流传宋江等水泊梁山起义故事而撰写的。《徽宗本纪》说："淮南盗宋江等犯淮阳军，遣将讨捕；又犯东京、江北，入楚海州界。"《宋史·张叔夜传》说："宋江起河朔，转略十郡，官兵莫撄其锋。"根据《大宋宣和遗事》展示的宋江等36人起义的原始面貌和古籍的记载，施耐庵为《水浒传》小说写成了最早的版本。此后《水浒传》的版本很多，可见影响很大。《忠义水浒传一百卷》，文人都说这是"祖本"。万历年间有余象斗的120回版本，明末又出现杨定见的120回版本。

明末清初的金人瑞又腰斩水浒，改为70回本。新中国成立初期流行的71回本，是根据金人瑞版本金楔子为第一回，改70回“噩梦”恢复了“排座次”。现在出版的《水浒全传》是以较好的百回本（天都外臣序刻本）做底本，参校了其他几种较好的版本出版的，可以说是比较完整的本子。作者均署名施耐庵。

69《西游记》的作者是什么地方人？为什么说作者选取的开场景和孙悟空形象原形与作者家乡风物有关？

《西游记》是一部16世纪的神话小说，作者吴承恩生于公元1500年，卒于公元1582年，字汝忠，号射阳山人，山阳县（今江苏淮安市）人，《西游记》就是他晚年家居时写作的。淮安地处淮河之滨，与其东北的云台山、西边的龟山都相距不远，并且在那里都有作者好友，吴承恩都曾游历过这些地方，为《西游记》的场景和典型形象选取提供了重要资料。云台上，旧称苍梧山，17世纪前还是独立于海上的大山。苏东坡描写“郁郁苍梧海上山，蓬莱方丈有无间；旧闻草木皆仙药，欲弃妻孥守市寰。”苏东坡当时39岁，因政绩显赫而升官去密州当太守路过海州时（连云港市）写此诗。这里当时神话般仙境使苏东坡奇想连官守、妻孥一并抛弃，也要守住这海市蜃楼般的景色。如今云台山已与大陆相连，但在这奇峰异石、急湍飞瀑、苍天碧树、草茵翠竹里仍可寻到吴承恩描写的场景：山顶七米高的巨石，中开一缝，缝中有一椭圆形石块，上书“娲遗石”，很像从石缝中迸出。《西游记》第一回说：“正当顶上有块仙石，内有仙胞，一日迸裂产一石卵，因见风化作一石猴，五官皆备，四肢皆全”。另外，猴嘴山头的半身猴石像，栩栩如生；那泉水飘洒纷挂如帘的水帘洞；那头着僧帽、身披袈裟、抓耳挠腮、双眼眯缝的天然造型的八戒石等，都不能不说与作者创作西游记无关。淮安西龟山下的锁蛟井，当地早就传说是大禹锁住兴风作浪的淮涡水怪无支祁的古井(《古岳渎经》)。无支祁身似蛟龙，头如猿猴，神变奋迅。鲁迅先生在《中国小说史略》中考证，古代《广记》禹王降伏无支祁的故事，经吴承恩演变，无支祁就成了《西游记》中的孙悟空。可见作者写《西游记》并不是凭空捏造，而是有家乡风物作依据的。

⑦⓪《金瓶梅词话》的作者是谁？他是什么地方人？

《金瓶梅词话》现存最早刊本是明万历四十五年(公元1617年)，东吴弄珠作序的版本。作者是明代人兰陵笑笑生。兰陵在今山东苍山县西境，后人将作者墓建于峄县石榴园。前人疑为王世贞所作，不可信。据张远芬先生考证，兰陵笑笑生即是古兰陵的峄县(今枣庄市峄城区)人贾三近。1992年"金学"讨论会就在峄县召开。《金瓶梅》的主要情节是借《水浒传》中发生的西门庆、潘金莲故事为线索，描写西门庆勾结官府、剥削穷人、蹂躏妇女，由发迹到灭亡的历史，暴露了明代社会黑暗、官商恶霸的残暴荒淫。同时由于秽笔过多，也有不良影响。

后人对这部世情和写实小说评价极高，称其为"第一奇书"。在众多的评点《金瓶梅》奇书中，以张竹坡评点流行最广、影响最大。张竹坡是清康熙年间的徐州人，与古兰陵相距很近，因而评点就有极高价值，开创了《金瓶梅》评论新阶段，在小说理论批评史上，也就占有相当地位。

⑦①《桃花扇》的作者是什么地方人？为什么说《桃花扇》素材的收集与写作同水利有关？

《桃花扇》作者孔尚任是清初山东曲阜人，青年考中秀才，36

岁时，因康熙二十三年（公元1684年）第一次南巡，取道来曲阜祭孔子，而袭封为引驾官（导游）。又因他导游和讲经时学识渊博，得到皇帝赏识，当即封为大学士。公元1686年淮扬地区大水，孔尚任被遣随孙在丰办理治水。孔尚任淮扬治水三年多，住扬州、泰州、兴化，来往于南京之间，在访察灾民中也结识许多明末故老遗民，特别是冒辟疆（与方以智、陈贞慧、侯方域称为“复社四公子”）等。冒辟疆不仅是南明王朝兴亡的目睹者，也是反对阮大铖奸党的直接参与者。孔尚任结识南明兴亡的目睹者还有：桃花扇故事的知情人杜竣、张瑶星等，他们都为桃花扇成书提供了相关情节，许多故事情节都使孔尚任当场感动得涕泪纵横。三年治水时期，不仅收集了丰富的素材，他还把这些素材带到水利工地。如在泰州居地，白天忙着公务，夜间整理素材和写剧本，甚至某些折子被排演上台进行试演。在泰州完成第一稿后，二稿是在兴化治水工地创作的。为了使其中的情节能舞能唱，据《小说枝谈》引《脞语》说：“更阑按拍，歌声呜呜”。也就是说自己深夜按拍歌唱。三年治水完成回北京又进行修改才定稿，因而成为我国不朽的古典名著。

⑫朱自清是什么地方人？他的散文代表作是哪些，主要特色又是什么？

朱自清，江苏扬州人，是我国现代文学史上的著名作家。他先写过诗，又写过小说，终是以散文创作巨匠著称于我国文坛。朱自清的散文代表作品有《背影》（1925年10月）、《荷塘月色》（1927年7月）、《给亡妇》（1930年10月）、《我是扬州人》（1941年）。《执政府大屠杀记》和《旅行杂记》（1924年）等。朱自清的散文中最为光辉绚丽的篇章应是他的抒情小品，其特点是真诚、含蓄、适度。真诚是情真意切、出自肺腑；含蓄是委婉细腻、微微沁出；适度是浓淡相宜、浓而不烈，清而不淡，总之，是用真情实感谱写至善至美之音。朱自清的散文相当大篇幅是他的叙事散文，晚期写的主要为杂文。在他的全部散文中，民族风格是比较突出的。一是景物的描绘尽可能做到形似和神似，形似是基础，神似是升华；形神兼备就是文章描写的最高境界；二是善于运用中国传统式的艺术手法——烘托，往往用笔不多，就能描绘出深邃的意境；三是文中恰到好处地引用中国古典诗词，使人感到韵味无穷。台湾中国新文学研究者周绵说："多富有中国味道，表现中国民族特有风格，是不可多得的美文。"

73"扬州八怪"是指哪些人，有什么重要风格？

"扬州八怪"一般是指郑板桥（兴化人）、李蝉（兴化人）、李方膺（南通人）、罗聘（歙县人）、金农（杭州人）、黄慎（宁化人）、高翔（扬州人）、高凤翰（胶州人）。据《扬州诗词》介绍，有的是易其中之人将汪士慎、边寿民、杨法、闵贞、陈撰、李勉等列入的。"八怪"并非指的都是扬州人，有的长期寓居扬州，以扬州为中心活动区域，集聚许多画家，并有着某些共同的特征，或曰扬州画派。他们多数从事花鸟画（梅、兰、竹、菊是重要题材），其次是人物画。山水画则不是主要的。他们继承陈道复、徐渭、朱耷、原济等传统，但各具风格。"八怪"都能诗，擅书法，往往善印谱，其中金农、郑燮、汪士慎、高翔等均工于篆刻。郑燮善画菊、竹、石；李蝉善作奇松、异石；金农、罗聘善画梅；高凤翰工书画篆刻，尤嗜藏砚；黄慎，以狂笔法入画；高翔山水画更佳，李方膺善画松、兰、竹，善长画梅。因为他们和当时画坛的正统画风不同，被视为画坛的"偏师"、"怪物"，故称"扬州八怪"。但他们的笔墨技法对近代中国写意花卉影响很大。

74 清代末年捻军在什么地方会盟起义，盟主是谁？捻军在抗清活动中起到什么作用？

清末咸丰五年(公元1855年)，淮河流域爆发了捻军起义。起义军的首领们在亳州雉河集(今安徽省涡阳县义门集)会盟，公推张乐行(安徽省亳县人)为盟主，提出“劫富济贫”等口号。公元1857年，接受太平天国领导，被封为征北主将，与太平军并肩作战，转战两淮，占领沿淮城镇，控制淮河中游地区，不断向豫、苏、鲁三省进军，抗击清军，立下赫赫战功。公元1862年秋，在亳州遭清军伏击后退走宿县，因叛徒出卖，张乐行被捕牺牲。

清同治三年(公元1864年)，太平天国京城(今南京)失陷后，全国革命形势走向低潮，在这危难之际，捻军首领张宗禹(亳州人)、任化邦(安徽省蒙城县人)与赖文光领导的一支太平军联合，转战江淮和黄淮之间广大地区，公元1865年4月，在山东省曹州(今菏泽市)高楼寨打败清军，斩杀僧格林沁。公元1866年9月，在河南中牟一带，先后打败河南巡抚李鹤年的屯壕防军，接着又东进突破沙颍河、贾鲁河防线，粉碎了曾国藩的围剿计划。10月，捻军分为东、西两支，赖文光与任化邦等率东捻，在山东、苏北一带转战，公元1868年在扬州瓦窑铺陷入重围被捕就义。西路捻军在张宗禹的率领下，转战西北，联合回民起义军，共同抗击清军，公元1867年冬，因东捻军告急，他率部进河北省，多次打败左宗棠、李鸿章所部，公元1868年6月，在河北省运河与徒骇河之间被清军包围战败，自己逃到河北省黄骅隐居起来。捻军抗清历时16年，给清王朝以沉重的打击。

⑮我国古代著名的植物学家吴其浚是什么地方人？他的主要著作是什么？他提出治淮上游论的主要内容是什么？

吴其浚(公元 1789～1846 年)是我国古代著名植物学家。他出生于清代河南省固始县，是嘉庆年间的状元，曾任湖南、浙江、云南、福建、山西巡抚以及湖广和云贵总督等职。他利用“官迹半天下”的条件，广为搜罗植物标本，并辨其颜色，别其性味，审详摹绘，集 30 年心血结晶，著成《植物名实图考》。全书共 38 卷，12 大类，共计植物 1 714 种，比《本草纲目》增加了 519 种。书的内容翔实，图文并茂，具有科学性，使中国植物学、药物学达到一个新水平，是 19 世纪世界杰出的植物学、药物学专著。这本书于道光二十八年(公元 1848 年)出版问世以后，即被翻译到日本、德国等国家，吴其浚的名字及其著作也随之名扬世界植物学界。

吴其浚不仅是我国著名的植物学家，而且因他生长在淮河沿岸，对淮河的安危和治理也非常关心。道光初年，他困忧在固始家乡，适逢淮河、史河大水，他携带干粮，沿淮深入大别山区进行实地考察，写了《治淮上游论》一文，指出“治淮必先治淮之上上游，此其枢要，不在江南，而在安徽之境。”他认为：“定远之叶子湖、瓦埠湖，皆四面有山，一线入河；而霍丘、寿州之湖，与河道相连……诚能因势建坝，增堤稍高，淮水大则闭闸，不使助淮为暴，是洪湖所不能尽容者，而诸湖分容之，水小则启闸使淮流并注，是洪湖所不能尽蓄者，而诸湖分蓄之。其事可成，其利甚溥。”他提出的利用安徽境内淮河干流两侧湖泊洼地作闸坝控制以滞蓄洪水的治淮方略，真是异军突起，言前人少言，一扫治水历史之陈迹，使人们从“疏”与“堤”长期争论中解放出来。他补充了治水历史上长期缺“蓄”的方略空白，使得治水方略，蓄泄兼筹，臻于全面。但由于吴氏没有获得治河职任，他的治淮上游论的主张无法实现。

⑯淮河文化有哪些区域性特色？研究淮河文化有何意义？

淮河流域的面积共约27万平方公里，地跨豫、鄂、皖、苏、鲁五省。由于历史的原因，流域的东北部是齐鲁文化，其西北部即是被称为古豫州的中州，是中原文化地域的主要部分，其西南部为荆楚文化，其东部和东南部为吴越文化。由于淮河流域地处我国腹部，其阻而不隔的地形是历代南北和东西的交通要道，同时又由于战争和水旱灾害的频繁，这里的人民群众"聚—散—聚"（即平时淮河流域人民共同安居乐业，一遇战乱和水旱灾害则四处避乱逃荒，待到战乱和灾荒过去，又重新回到一起）也十分频繁，因而不仅使中原文化、齐鲁文化、吴越文化、荆楚文化得以广泛交流，取长补短，相得益彰，其优秀部分则形成了北与黄河文化、南与长江文化相媲美的淮河文化。淮河文化是以中原文化、齐鲁文化为主体，如孔孟的儒家文化和老庄的道家文化，都来自于淮河流域出生的诸子百家的著作，经历代统治思想的倡导而成为中华文化的精华内容，作为核心，呈辐射状与四周地域乃至边疆少数民族和国外文化进行有效的交流：吸收外来文化和传播本地优秀文化，直到形成今天的中华优秀的传统文化。从中华优秀传统文化渊源上看，研究淮河文化对有中国特色的社会主义文化建设无疑有着重要意义。

⑰淮河流域有哪些知名的地方戏剧种？

因为淮河流域地处我国南北过渡地带，辖区内中原文化、楚文化、齐鲁文化、吴越文化兼有，在这种多元性的区域文化和各地不同的方言特色基础上，形成不同的民间艺术。淮河流域知名地方戏有：

河南豫剧（也称河南梆子戏）。豫剧流行地区主要是河南省。本世纪初，随着沿淮、淮北商埠、矿山等城镇的兴起，豫剧艺人逐渐流动至皖北、鲁西南等地。当代豫剧著名演员以常香玉为代表。

泗州戏。该戏源于苏北海州,因在水灾之年后,艺人为了谋生四处卖艺,把该戏带到苏北、皖北演唱而扎根于民间,深受群众喜爱。在演唱过程中形成了不同的流派,因此,剧名也不尽相同。有的称“柳琴戏”,有的称“淮海戏”。

淮河下游扬州地区的扬剧。该戏是由淮扬文戏和香火戏融合演变而成的,在皖东地区也有该戏流行。

山东吕剧。该剧是由民间说唱艺术“坐腔扬琴”(山东琴书)演变而来的,约在200年前产生在苏、鲁、豫、皖接壤地区。其唱腔分三大流派,著名演员有郎咸芬等。

除上述代表剧种外,在流域各省还有,河南曲剧,安徽淮北花鼓戏、淮北梆子戏、沿淮的推子戏,皖中的“倒七戏”,江苏的淮剧,山东省的高调梆子(流行于菏泽、济宁地区)、四平调(流行于鲁、苏、皖、豫四省交界地区)、五音戏(流行于鲁中地区)、二夹弦(流行于鲁西南)等。

⑦⑧淮河流域有哪些知名的地方曲艺?

曲艺是说唱艺术,在淮河流域流行的曲艺种类,均与各地方言相联系。因淮河以北大部分是北方方言,所以曲艺大都由河南、山东、河北艺人南下传入,糅进了当地民情风俗,形成各具特色的表演方式和说唱内容。淮河流域主要地方曲艺有:河南坠子、安徽大鼓、琴书(流行于皖北、苏北、山东等地)、山东大鼓。在淮河下游,以扬州方言为基础,产生和流行于扬州的评话、扬州弹词、淮扬清曲,其风格已近似于江南曲艺。

淮河流域民间曲艺,除说唱形式外,还有杂技、歌舞、木偶戏、皮影戏等表演。

79 淮河中游流行的民间歌舞艺术——淮上三花，是哪三种歌舞艺术？被誉为“东方芭蕾”的是哪一种？

流行于淮河中游、富有淮河两岸浓郁乡土韵味的音乐歌舞艺术花鼓灯、卫调花鼓、凤阳花鼓，统称“淮上三花”。

淮上三花以花鼓灯为代表。据清代李兆洛编修的《凤台县志》记载：“花鼓灯历史悠久，宋代就开始流传在淮河流域的凤台、怀远一带。”不过，它作为一种民间艺术形式独立存在，却在清代，它由较简单的锣鼓说唱，吸取了中原地区民间歌舞曲艺，达到成熟完备的艺术高峰期。花鼓灯流行主要地区在颍上、寿县、凤台、怀远、淮南、五河、凤阳、灵璧等地，几乎乡乡村村都有灯班。每逢过节，常有几十班乃至上百班花鼓灯聚集一堂竞相献艺，到处扇绢翻舞，歌声飞扬，锣鼓声昼夜不断，接连数日。

花鼓灯在流传过程中，因艺人所在地区不同，形体和性格差异，审美情趣各有追求，因而表演上产生了不同风格流派。颍上派花鼓灯歌声质朴、舞姿粗犷、节奏缓慢，有古老淳朴特色。凤台派讲究男女角色神情交流，扇花丰富，唱腔委婉，伴奏以锣为主。怀远派唱腔韵味十足，女角“兰花”舞姿矫健轻盈，风流洒脱，变化多端，伴奏以鼓领头。定远派花鼓灯歌声优美抒情，动作柔而不腻，媚而不俗。凤阳派重歌唱讲情节，舞姿雍容简洁。

新中国成立后，花鼓灯传入蚌埠市，因受到中国舞蹈家协会主席吴晓邦重视，获得了新的发展。艺人冯国佩应邀在广州、上海等地传艺，1953年9月，进北京参加全国民间歌舞调演。1958年后，蚌埠市文工团演出花鼓灯舞剧《摸花轿》和《玩灯人的婚礼》，被国内20多个省市歌舞团移植，同时参加出国访问演出，饮誉国际舞坛。80年代后，怀远县恢复乡村花鼓灯班，以其出色的乡土广场艺术形式，重扬国内舞坛，被周恩来总理称之为“东方芭蕾”。40周年国庆节，应邀专程赴北京天安门广场表演，继而出访东南亚地区,使淮畔民间艺术名扬海外。

⑧⓪为什么把江苏扬州二十四桥当作扬州景物的代称?

二十四桥,原名吴家砖桥(又名药桥),位于扬州平山堂之西南。相传唐代曾有人看到过二十四个仙女在桥上吹箫,故改名。唐朝著名诗人杜牧"寄扬州韩绰判官"诗:"青山隐隐水迢迢,秋尽江南草未凋。二十四桥明月夜,玉人何处教吹箫。"千百年来,一直被视为描写扬州景物的绝妙佳作而广为传诵。

另有一说,由于扬州城处处小桥流水,在唐代时确有二十四座桥存在,宋代的沈括还一一考证其名称和地理位置。佳话流传,煞是引人向往。自杜牧诗后,历代文人墨客歌咏扬州时,总爱念及此桥,在许多诗、词、赋中,二十四桥被视作扬州景物的代表而千古吟唱。如清代诗人王渔洋就写过"豪华自古让淮扬,一水横江即异乡。二十四桥歌吹遍,不知何处觅周郎。"扬州"八怪"之一的李方膺也曾有"扬州年年明月在,收拾春风廿四桥"的诗句。人称"游龙"的乾隆皇帝,在三下江南时还写过三首歌咏二十四桥的小诗。桥以诗扬名,诗因桥被传诵,此后产生的轶闻、美谈,更为二十四桥增色。

历史几经沧桑,昔日"如带如虹"的二十四桥已经无复当年面貌,然而,它仍因流传的诗文、佳话逗人游兴。扬州自对外开放以来,国内外游人络绎不绝,深谙祖国历史文化的港澳同胞也常常在游览时怀有深情地问起二十四桥,纷纷去寻踪访古,到桥头弄笛吹箫。1999年3月上旬,港苏旅401团,一行23人,就专程从南京驱车来到二十四桥上合影,并且又为二十四桥留下了新歌。副团长何竹平先生伫立桥头,随即吟出"开樽同醉二分月,问路犹知廿四桥"的诗句。二十四桥,随着旅游业和文化交流的发展,正引起了国内外人士的兴趣。二十四桥,确是经唱不衰的诗题啊。

81 抗日战争时期,铁道游击队活动在哪里?他们对抗日有何贡献?

山东省最大的湖泊——微山湖,是铁道游击队神出鬼没打击日寇的革命根据地。

微山湖区人民具有光荣的革命传统,早在1929年,湖区就建立了中国共产党的组织,开展武装斗争。由于湖心多岛,夹岸多山、地势险要,是当时敌强我弱形势下克敌制胜的天然屏障。抗日战争爆发后,先后在湖区建立了八路军115师686团、685团、铁道游击队、微山大队、运河支队等十多支抗日武装力量。其中的铁道游击队,以微山岛为依据,活跃在芦苇荡中,出没在津浦铁路线上,截军火,炸火车,英勇抗击日寇,多次粉碎敌人"扫荡"阴谋,创下了许多可歌可泣的英雄事迹。

1942年夏季以后,铁道游击队的主要任务,改为维持南北秘密交通线,保持延安革命根据地与苏北、鲁南新四军的联系,护送过往干部。他们白天休息,夜晚走路,往返于津浦铁路以东和湖西地区,掩护许多党政军负责同志和数以百计的八路军干部战士在岛上休整,往返延安去鲁南和华东等地。1942年7月,刘少奇同志从苏北去延安就是通过微山湖区这条湖上交通线。1943年新四军军长陈毅同志过湖区去延安参加党的"七大"时,风趣地讲起楚汉之争的故事,批评项羽闹个人英雄主义,勉励游击队干部、战士团结一致,为解放全中国而战。由于铁道游击队的出色贡献,受到中央军委的电报嘉奖。

㉜抗日战争时期,新四军先后在淮河流域建立哪些领导机关?

1937年7月7日,抗日战争爆发后,由于国民党政府消极抗日,积极反共,而中国共产党实行全国人民总动员的全面抗战路线。8月下旬,中共在陕北洛川会议上提出了"抗日救国十大纲领",将长征到陕北的红军改编为八路军,迅速开赴华北进行抗日,将南方诸省的红军游击队改编为新四军,开赴大江南北进行抗战,开展广泛的游击战争。在抗日战争时期,新四军在淮河流域先后建立了以下各领导机关:

1938年11月,在河南省确山县西32公里的竹沟镇,建立了中共中央中原局,刘少奇任书记,朱瑞、彭雪枫、郑位三任委员。中原局负责领导长江以北的湖北、河南、安徽、江苏四省人民开展抗日斗争。

1938年6月,在安徽省金寨县花石乡白水河村,建立了中共安徽省工作委员会,同年底改组为中共鄂、豫、皖区委会。在金寨县桃花岭曾设立过新四军兵站。

1940年6月至1941年1月,由罗炳辉领导的新四军江北指挥部建立在江苏省盱眙县黄花塘,后改为新四军第二师师部。刘少奇同志曾来此视察过工作。

1941年6月25日,在江苏省盐城泰山庙设立新四军军部,陈毅任代军长,刘少奇任政委,张云逸任副军长。1943年1月10日,新四军军部由盐城移住盱眙黄花塘。1945年9月又迁到淮阴。

新四军军部驻黄花塘不仅时间长,而且是处在抗日战争战略相持转向战略反攻阶段。在此期间,刘少奇、陈毅、张云逸、罗炳辉、曾三、邓子恢、徐海东等军政领导同志都在此生活和领导过华中、华东人民进行革命斗争。

⑻在革命战争年代，陈毅将军转战两淮留下哪些有名的诗篇？

皖南事变前陈毅即率领新四军一支队在苏南活动。皖南事变后，陈毅任新四军代理军长，他率军渡江至盐城，并转战两淮，斗日寇、打顽伪，建立了稳固的革命根据地。在戎马倥偬之余，在两淮军中写下了许多著名诗篇。

1943年春，他在洪泽湖西的淮河岸边大柳巷写下《大柳巷春游》三章：

淮水中分柳巷州，平沙绿野柳丝抽。春郊试马优游甚，难得浮生似白鸥。

为惜春残共举杯，番番风雨苦相催。人间好景随时在，满眼梨花锦作堆。

十里长淮步月迟，阑珊灯火启情思。旧歌不厌人含笑，抗战新声更展眉。

之后又写下两首。《淮河晚眺》：柳岸沙明对夕辉，长天淮水鹜争飞。云山入眼碧空尽，我欲骑鲸踧浪归。

《过洪泽湖》：扁舟飞跃趁晴空，斜抹湖天夕照红。夜渡浅沙惊宿鸟，晓引柳岸雪花骢。

这年底又写《过微山湖》：横越江淮七百里，微山湖色慰征途。鲁南峰影嵯峨甚，残月扁舟入画图。

抗战胜利后，国民党大肆进攻两淮的解放区根据地。对此，我新四军根据中央指示，暂时作出战略转移，让出两淮之地。1946年9月陈毅同志作《过两淮》：诱敌何妨让两淮，贼军到此好椎埋。运河不是鸿沟界，会见狂潮卷地来？

1938年夏，国民党名为抵抗日军西进，实为摧残我淮北根据地，竟于郑州扒开花园口的黄河南堤，9年的黄水漫流淮北，造成数万平方公里黄泛区。抗战以来，陈毅5次经过黄泛区所闻所见各不相同，这是他 1948 年夏路过黄泛区时，记下了他曾经 5 次经过所见实景《过黄泛区所见》5 章：

一过黄泛区，水茫茫。阻挠陷泥过膝及腰腹，人马欲渡川无梁。

二过黄泛区，草黄黄。芦花飞白，大好牧场。蒋匪兵来，人民隐藏。

三过黄泛区，走跄踉。川原水洗，城社荒落，满目凄凉。内战罪魁，抗敌无能，不顾人民之死亡。

四过黄泛区，走西华，过淮阳。从前灾星，水旱汤蝗，而今苛政，抽丁征粮。

五过黄泛区，人民解放，土地改革，除暴安良。民主翻身，其乐洋洋。

84在解放战争初期，刘邓大军挺进大别山建立革命根据地，有何意义？

解放战争的第一年，根据中央军委和毛泽东主席的战略计划，从 1947 年 6 月至 9 月，人民解放军的刘(伯承)邓(小平)野战军跃进大别山；陈(赓)谢(富治)集团挺进豫、陕、鄂；陈(毅)粟(裕)野战军挺进豫、皖、苏。

6 月 30 日，刘邓野战军 4 个纵队约 13 万人，发起鲁西南战役，歼敌 4 个师部，9 个半旅 6 万余人，揭开了我军战略进攻的序幕。

8 月 7 日，刘邓太军从嘉祥、钜野一带兵分三路向南进军，通过豫东黄泛区，克服种种困难跨过多条河流，经过 20 多天的急行军，8 月 25 日渡过淮河，8 月 27 日，胜利到达大别山地区。经过 3 个多月的艰苦作战，共歼灭敌军 3 万多人，建立了 33 个县民主政权，解放并开辟了鄂、豫、皖解放区；陈、谢兵团共解放了豫、陕、鄂边区 36 座县城，建立 40 多个县的民主政权；陈、粟野战军，经过 2 个多月的作战，共解放和收复县城 20 余座，进一步发展了豫、皖、苏解放区。

1948 年 3 月，毛泽东在评述三路大军功绩时说："我刘、邓、陈、粟、陈、谢三路野战军，从去年夏秋起渡河南进，纵横驰骋于江、淮、河、汉之间，歼灭大量敌人，调动和吸引蒋军南线全部兵力 160 多个旅中约 90 个旅左右于自己周围，迫使蒋军处于被动地位，起了决定性的战略作用，获得全国人民的称赞。"

㊵孟良崮战役发生在什么地区，全歼国民党哪个王牌军，在军事上有何意义？

孟良崮战役是解放战争中最著名的战役之一。1947 年 3 月，国民党军队先后调集 68 个旅，约 45 万人，对山东解放区实施重点进攻，并以其精锐主力第七十四师、第十一师和第五军等为骨干整编成三个兵团，向山东鲁南山区发动进攻，妄图消灭我军或迫使我军北渡黄河，以实现其占领整个山东解放区的目的。

4 月下旬，华东野战军接到中央军委的指示，指出："敌人密集不好打，但只要有耐心，总有歼敌机会。要掌握最大兵力，不过早惊动敌人，要诱敌深入，让敌人放手前进，必能找到歼敌机会。"依据上述指示，华野军决心后退一步，将主力转移于蒙阴、新泰、莱芜以东隐蔽集结、待机破敌。敌军第一兵团司令，发现我军主力后撤，5 月 11 日，即令第七十四师、第二十五师等主力自汤头、蒙阴、新泰、莱芜之线向北、向东"跟踪追剿"，妄图逼我军以不利地位，在鲁中山区与我军进行决战。5 月 12 日，发现敌人已全线向我军进攻，其中第 74 师在进攻的诸敌中态势突出，与其左右邻军有一定的间隙，该地区山多，地形复杂，便于我军隐蔽集结，寻隙穿插分割歼灭，不便于敌重装备机械部队运动。根据战场形势的变化，华野军前委立即改变作战计划，决心就近歼灭该敌。战役于 5 月 13 日晚发起，我军以四个纵队钳制两翼之敌，集中五个纵队，从敌人整个进攻部署中将第 74 师割裂开来。最后把该敌赶上孟良崮 520 高地至芦山一线狭小岩石山地，这里无法筑工事，敌人、马匹、辎重集中于各山头、山谷，给我军炮火杀敌创造了条件。5 月 16 日，华东野战军将敌人自诩为“五大主力”之一，装备精良的第 74 师及第 83 师一个团，共 3 200 余人，全部歼灭在孟良崮山区，击毙第 74 师师长张灵甫。

孟良崮战役的胜利，给国民党反动派一次沉重打击。蒋介石哀叹这是“无可补偿的损失”。敌第一兵团司令汤恩伯被撤职。

㊱解放战争时期著名的淮海战役发生在什么地区，至今留下哪些纪念建筑物？

1948 年 11 月 6 日至 1949 年 1 月 10 日，中国人民解放军同国民党军队在以徐州为中心，东起海州、西至商丘、南自淮河、北到临城的广大区域，进行了一场决定中国命运的大决战——淮海战役（国民党称徐蚌会战）。

1948 年 11 月 16 日，根据毛泽东主席的《关于淮海战役的作战方针》，中共中央军委决定由刘伯承、陈毅、邓小平、粟裕、谭震林组成总前委，邓小平为总前委书记，刘伯承、陈毅、邓小平为常委，临时处置一切。参加部队有华东野战军、中原野战军，华东军区、中原军区及华北军区、冀鲁豫军区的地方部队，总兵力达 60 多万人。

当时，蒋介石所指挥的国民党军队采取重点防御的方针，在徐州重点堵防，以守住中原，防御江北，当战局不利时，可将主力撤到江南，巩固长江防线。陆军总司令部徐州司令部改为徐州剿匪总司令部。由刘峙、杜聿明分任正副总司令，驻守徐州，指挥四个兵团和三个绥靖区部队；另外，从武汉抽调黄维兵团东进徐蚌地区机动，将葫芦岛、青岛两个军调至蚌埠，从而在淮海战场上投入总兵力达 80 余万人，占其全部兵力的 27% 以上。

在淮海战役中，解放军浴血奋战 65 昼夜，全歼国民党精锐部队 55.5 万余人，击毙兵团司令黄伯韬、邱清泉，生俘徐州“剿匪”总司令部副总司令杜聿明和兵团司令黄维，解放了长江以北的华东、中原地区，为我军南下渡江作战扫清了道路。

至此，蒋介石在华东、中原战场上的精锐师团已丧失殆尽，其反动统治的政治经济中心南京、上海及武汉等地已处在我军的直接威胁之下。

为了纪念举世闻名的淮海战役，在徐州市南郊凤凰山麓，建立了巍峨的淮海战役纪念塔。塔的正面镶嵌着毛泽东主席的题词“淮海战役烈士纪念塔”。在纪念塔东南不远处建有“淮海战役纪念馆”，陈毅元帅亲笔题字“淮海战役纪念馆”的金匾，高悬馆门正上方。展馆建筑仿古庄重，气势辉煌。

87 周恩来总理的故居在哪里？现有哪些纪念建筑物？

公元 1898 年 3 月 5 日，新中国开国总理周恩来诞生在淮河下游，江苏省淮安县城中驸马巷里一座普通的宅院里，至今还保留着周恩来童年生活过的故居。周恩来生前曾说过：“生于斯，长于斯，渐习为淮人。”

周恩来总理献身革命，四海为家，他曾改过一句唐诗，抒发自己的乡思，说：“我是‘少小离家老不回’呀！”离乡半个世纪，周恩来对故乡深怀恋情。1960年,他从南方返回北京,机组同志为安慰总理的思乡之情,在飞机经过淮安的时候,特地低空飞行,转了几个圈子,让总理俯瞰自己的家乡淮安。

为了追思这位伟人的丰功伟绩,1988年,江苏省政府在淮安城北桃花垠兴建了周恩来纪念馆。邓小平为"周恩来纪念馆"题写馆名,1991年6月1日,江泽民总书记为该馆题词:"学习周恩来同志的高尚品德,全心全意为人民服务。"1991年6月2日,李鹏总理的题词是:"学习周恩来对革命事业无限忠诚,对人民无限热爱的崇高品德。"

周恩来纪念馆三面环水,碧波环绕着纪念岛,情景交融,水天一色,显得宁静而庄严。

纪念馆分主馆和附馆,建筑面积3 265平方米。主馆坐落在一方形基台上,外方内八角,上为四坡屋顶,由四根高11米的花岗岩石柱支撑,顶设玻璃天棚,造型简洁明快。建筑高度26米,分三层。底层展览厅,陈列有展现周恩来光辉一生的实物、图片和影视资料。二层为纪念厅,安设高5米的周恩来汉白玉坐像。顶层为观景平台,可一览馆区全貌,远眺古城雄姿。附馆呈人字形,二层,向主馆拱卫。内设陈列、接待、影视和办公用房等。

周恩来纪念馆是一座时代的丰碑,也是人民群众和中外友人对这位伟人永恒的怀念之地。

88 安徽萧县为什么能成为全国书画艺术之乡?

1994年,安徽省萧县被中央文化部正式命名为"书画艺术之乡"。一个小小的县城为何能在书画艺术上取得举世公认的成就?一是该县书画传统艺术源远流长。南朝宋国开国皇帝刘裕是萧县人,他喜书爱画,其子孙不乏丹青高手,遂成一地爱画、善画之民俗。绘事大兴，则始于清乾、嘉年代，萧县一批画家与“扬州八怪”过往甚密，因其活动中心在县治所龙城，故被称作“龙城画派”。新中国成立后，萧县城乡爱书画之风不绝，成立了全国首家县级书画院和众多民间书画组织，经常开展书画培训、研讨、展览活动。

二是萧县人民喜爱书画艺术蔚然成风，漫步安徽萧县城，你会惊奇地发现，像“湖光书画社”这样的画店、画廊一家挨一家。“墨缘斋”、“凌云轩”等大字招牌高悬街头，连汽车站的候车室、商店的橱窗、旅社、医院、机关、学校的会议室，甚至普通的干部、工人、农民的家中，处处可以看到丹青装点，画幅高悬。缕缕墨香弥荡在古城的大街小巷，浸润着人们的心田。

书画深深契入了萧县的生活。人们作画、品画，陶醉其中，乐此不疲。远方的朋友来了，送上几幅书画，便是最好的礼物。姑娘，小伙儿结婚，新房里少了书画，会被人说：“没文化”、“没情趣”。一对夫妻闹离婚，为了一幅画相争不让，画家新画一幅相赠，才息事宁人。县城东北隅的刘套镇，是百岁画翁萧龙士的家乡，受萧老影响，几乎家家有人会操丹青，理发师段自然的虾，屠宰户王孝廉的鹰，多次参加省、地画展，颇受好评。

徜徉在一家家画店书堂，看到墙上挂的、案上裱褙的，多是当地名家作品。萧县人尤爱本地人的画。外地名家的作品，在这里多少受到冷落。县文联张英和先生对此解释为：“亲情使然，画风与民风使然。”萧县籍画家的作品风格多样，各有特色，但其内在神韵与“龙城画派”一脉相承。

三是萧县不仅群众性书画艺术创作活动十分普及，而且还出现了一批名家名作。1978 年，中共十一届三中全会后，为了迎接文艺创作的春天，文化部在京召开全国第四次文代会，萧县籍 4 位全国著名的画坛巨子王子云（我国著名雕塑家刘开渠的恩师）、刘开渠（我国著名雕塑家）、王肇民（画家）、萧龙士（画家）同时出席大会,在当地传为佳话。据统计,目前全县能书善画者近2 000人,达到创作水平的500余人,6 000多幅作品参加过县以上展览,部分作品被选送到9个国家展出。

四是萧县丹青高手志向悠远,不甘将作品囿于淮北一地。魏玉新小有积蓄后,把画店交给侄子经营,揣着开店挣的钱到中央美院进修。在他之前,大屯镇一位叫刘德超的农民,自费考入北京中国画研究院,成为该院第一个农民学生。萧县画店、画廊的老板,大多是书画创作者,开店赚了钱,就有人关门歇业背上画夹,云游四方,拜名师,踏名川,到处写生。囊中羞涩了,再回家开店。他们的经营和创作也促进了书画市场和书画产业的勃兴。1998年全县画店、画廊加工,收售作品近10万幅,营销额达数百万元,不少有点名气的画家还在家中“自产自销”,其隐形市场的成交额也接近有形市场。值得一提的是,萧县人还把画店办到了外地。山东、河南、江苏的不少城市,都有萧县人开办的画店。县文化局在珠海设立了“国画之乡萧县画廊”。著名画家薛志耘引进外资在宿州创办了“书画一条街”,并正筹备在新加坡兴建画廊。他们成了萧县书画艺术的使者。

由于萧县人民在书画艺术创作上取得的成就,以及他们的经营和创作对书画市场繁荣作出的贡献,1994年,文化部正式命名萧县为“书画艺术之乡”。

㊺亚洲最大的淡水鱼水族宫在何时何地建成,规模多大?

目前亚洲最大的淡水鱼水族宫,坐落在徐州市西郊云龙湖湖心岛上,1994年8月18日落成,向全国各地游客开放。

云龙湖三面青山,一湖碧水,烟波浩淼,风光旖旎,水面5.8平方公里。一座长90米、宽24米、高26米、展厅总面积为2 700平方米的“鲸豚”形状的建筑雕塑，巍峨耸立在湖心岛中央，在艳阳照射下，耀眼生辉，流光溢彩，令人惊奇不已。

在“鲸豚”腹部前后，依次有名贵鱼展厅、热带鱼展厅、自然生态展厅、录像放映厅和特别迷人的水晶宫，那造型各异的一道道玻璃鱼廊、一个个玻璃鱼池、一组组玻璃鱼箱，一面面玻璃鱼墙……汇集了国内外淡水鱼之精华，其中有被称作“水中国宝”的中华鲟、扬子鳄，有民间比之为“娃娃鱼”的大鲵，美誉为“一帆风顺”的胭脂鱼，有日本人奉为“国鱼”的锦鲤，埃及名产胡鲶，还有白鲶、红鲫等种类繁多的珍品，大的有几十公斤，小的只有十几克，五颜六色，形态万千，构成了光影斑驳的水族大世界。

为扩大展出效果，各展厅内相应配置海洋天空、水底山崖、人工瀑布、循环溪流、棕榈椰林、水生动植物等绘画和雕塑，这样的自然与人工结合，实景与背景相融，加上精心设计的种种自然界声响，使人感到置身于旷野山水间。

人们进入水晶宫，踏上水平自动电梯，游动在拱形隧道之中，透过光洁度极高的玻璃，江河湖泊的水下景色逼真地尽收眼底，特别是见到头顶、身边的鱼群翩翩逗人戏水，又如来到童话想像中的神奇龙宫。

进入“鲸豚”尾部，里头是大型网架式的音乐茶座，外面是配套齐全的服务设施。观众从目不暇接的水晶宫到此赏乐品茗，再次领略湖光山色，眺望古城新貌，倍觉心旷神怡，别是一番天地。

90 我国第一个实施希望工程的是哪个县？第一所希望小学建在哪里？

1990 年 5 月 9 日，由中国青少年发展基金会援建的中国第一所希望小学，在安徽省大别山革命老区金寨县南溪镇建成。从此，金寨县就成为我国第一个实施希望工程的县。

邓小平同志非常关心和支持希望工程，1990年9月5日，欣然为“希望工程”题字，1992年，又以“一个老共产党员”的名义，向“希望工程”捐款5 000元。

1991年11月1日，江泽民总书记为“希望工程”题词：“支持希望工程，关心孩子成长。”他还多次捐款，并多次到贫困地区看望失学孩子。与此同时，在中国青少年发展基金会捐赠档案中，还记载着不少中央领导同志的名字：李鹏、朱镕基、李瑞环、胡锦涛、李岚清、乔石等给希望工程的捐款。

希望工程，是20世纪90年代中国最大的社会公益活动。捐款、捐物，献爱心，一时间，神州大地、东西南北涌动着爱的热流；海外华人也纷纷伸出友爱之手。

救助贫困地区的孩子入学，成为这个爱心工程最强的音符。

自1992年4月起，中国青少年发展基金会向全社会发出“百万爱心行动”的倡议，创造了捐受双方结对挂钩，定向资助的新模式；1994年初，以“跨世纪的钟声”大型义演拉开序幕的“1(家)+1助学行动”，进一步完善了定向资助模式，使希望工程在全国迅速发展。据统计，10年来，在各级党和政府的关心下，全国社会各界和海内外同胞共向“希望工程”捐款筹集资金达17.82亿元，使1 600多个贫困县的220.9万失学儿童得到希望工程的救助，重返校园，使7 549所希望小学在全国贫困地区建立起来。

金寨县作为全国第一个实施希望工程的县，9年累计接受捐资近2 000万元，救助小学生近万人，中学生92人，建校54所(其中中学9所，小学45所)。

91 我国第一颗人造地球卫星上天演奏的《东方红》乐曲，是淮河流域何地出土的古乐器演奏的？

在位于河南省的信阳市北郊，千里长淮第一关——长台关西北5公里处，有一座楚王城，这是战国时期楚国的军事重镇。在楚王城周围埋藏着大量的历史文物。1957年春，河南省文物工作队在楚王城西南土岗上，发掘了一座战国墓。墓中出土250余件彩绘木漆器，充分显示了战国时代画师的高超技艺。各种动物图案，生动形象；一些写实的风俗画，丰富多彩，再现了当年楚王城狩猎、宴饮、歌舞、征战等壮丽的场面。特别令人惊叹的是，墓中出土的青铜编钟，造型庄重，纹饰细密，音阶准确，符合音律。你听过我国第一颗人造卫星演奏的《东方红》乐曲吗？它就是用这一套青铜编钟演奏的，实物现存北京故宫博物院。

这套编钟共13枚，由大到小排列一架，井然有序。钟是我国古代的重要乐器，皇帝每逢征战，举行宴会，或者祭祀，都要用编钟演奏乐曲。这套编钟音阶非常准确，经中国科学院声乐研究所测量，每个钟可发两个音，都符合声律的要求。钟的本身，有人工剔槽，有的多，有的少，有的位置高，有的位置低，有的透空，有的不透空，心灵手巧的工匠们就是用这些办法来编排音律的。其发音频律和现在的国际音标非常接近。所以，用这套编钟完全可以演奏现代乐曲。2 000年前，我们的祖先就从经验上知道利用现代声学理论中的“振动方式”和“节线原理”制造打击乐器，确实值得骄傲。

92 全国第一座“双拥”模范城是哪个城市，为什么会成为全国最先命名的“双拥”城？

我国的“双拥”运动源于抗日战争时期，普及于解放战争时期。

“拥政爱民”与“拥军优抚”两个侧面，表现了军与民的相互依存状态，表现了一种全新的军民关系。

徐州的“双拥”工作，始于淮海战役。1948 年 11 月，毛泽东起草了《关于淮海战役的作战方针》。淮海军民浴血奋战，结成鱼水深情。解放军枪林弹雨，解放了徐州；徐州人民则以拥军支前的实际行动，出动民工 37 万人，抬担架、运军粮、送炮弹、修路、架桥，支援军队立下了不朽的功勋。新中国成立后，徐州人民与驻军一直保持着鱼与水的关系，在国防建设和工农业生产中互相支持，互相帮助，涌现许多民拥军、军拥民的先进单位和先进模范。

1988 年 12 月 1 日，在淮海战役暨徐州解放 40 周年纪念大会上，江苏省人民政府、江苏省军区授予徐州市“双拥”城光荣称号，使徐州成为全国第一座“双拥”城。省政府和省军区为表彰徐州的“双拥”成绩，决定“立碑志文”，以彰其绩。此碑坐落在徐州市淮海东路崇文花园口内。“双拥城”三字，是徐向前元帅书写的。

93 我国在哪一年为哪条河流域发生洪水灾害发行首套邮票、邮资封纪念？

1991 年夏，淮河、太湖两流域发生特大洪水，灾情牵动着党中央、国务院领导的心，也牵动着全国人民的心。一方有难，八方支援。在党和政府的领导下，在全国掀起了广泛的赈灾活动，全国人民手拉手，共战洪灾，心连心，奉献爱心。全国邮电系统的领导和职工也心系灾区，他们除了保证夏季抗洪抢险邮电畅通外，邮电部在 9 月 14 日，发行我国首套“赈灾”邮票 4 000 万枚；中国邮票总公司发行首日封，所得款 1 200 万元，全部捐给灾区人民。在邮电部的影响下，各省也纷纷举办“赈灾”邮资纪念活动。8 月，浙江省发行了“血浓于水，情重于亲”的抗灾捐献邮资封；8 月 20 日，安徽省集邮界发行了“风雨同舟，情系江淮”抗洪赈灾纪念封，在邮资纪念封上印有安徽省省委书记卢荣景的签名；9月14日，广东省佛山市发行“赈灾”首日封；9月26日，黑龙江省哈尔滨市发行“赈灾”纪念封等。

❾❹我国京剧四大名旦之首的梅兰芳祖籍在哪里？他的代表剧是什么？

梅兰芳(公元1894～1961年)，我国京剧四大名旦之首，原籍江苏省泰州人。出身京剧世家，8岁学戏，11岁登台，演青衣兼演刀马旦。早年曾试演《一缕麻》、《邓霞姑》等时装戏。继王瑶卿之后，在长期的舞台实践中，对京戏的旦角唱腔、念白、舞蹈、音乐、服装、化妆等各方面都有所创造和发展，形成了自己的艺术风格，影响很广，世称“梅派”代表作有《宇宙锋》、《贵妃醉酒》、《霸王别姬》、《洛神》、《游园惊梦》等。曾先后赴日、美、苏等国访问演出，进行文化交流。抗战期间，曾留居香港、上海，在日伪统治下，他留须明志，拒绝演出，表现了不屈的民族气节。新中国成立后，梅兰芳曾担任中国京剧院院长、全国文联副主席等职。

❾❺我国天文史上首次记录彗星轨迹的文物何时在哪里被发掘出土？

1974年8月，在淮河下游江苏省盱眙县东阳乡庙塘村，发掘一座秦汉时期东阳城古墓葬，出土了大量的秦汉钱币、车马出行图、杂技表演浮雕等。其中最为珍贵的文物是：在古墓内发掘出一组木刻星像图，图像记载内容与我国天文史记载的在公元前44年发生的一颗彗星基本吻合，彗星尾有部分被月球掩盖，这说明当时人们已认识到月球比彗星距地球要近。这块彗星木刻图,比公元66年古埃及耶路撒冷发现的世界最早的彗星记载要早110年。1986年12月15日,我国新华通讯社公布这条消息后,引起了国内外天文学家的极大关注。

淮河300问

社会经济篇

❶淮河流域辖哪几个省，共有多少省辖市、县级市和县？跨流域的县有多少？

淮河流域范围以泰沂山脉、黄河南堤为界，西以嵩山、伏牛山、桐柏山为界，南以大别山和皖山为界，东临黄海。包括淮河与沂沭泗2大水系，全流域面积27万平方公里。

淮河流域包括河南、安徽、山东、江苏、湖北5省，共有省辖市35个(地、市)，189个县(市)，跨流域的县有34个。

❷淮河流域人口有多少，占我国总人口的比例多少？各省总人口居全国第几位？

淮河流域1997年总人口为1.604 3亿人，约占全国人口总数的13%，大大高于全国的平均人口密度，是我国人口分布较稠密的地区。平均人口密度为每平方公里394人，是全国平均人口密度每平方公里122人的4.8倍，居各大江大河流域人口密度之首。

河南省淮河流域总人口为5 020万人，约占全流域人口总数的33%。人口密度高于全流域平均值。安徽、江苏、山东3省的人口分别占全流域的22%、25%、20%；湖北省在流域内的人口仅22万，所占比重很小。

河南省总人口居全国第1位，安徽省居全国第8位，江苏省居全国第4位，山东省居全国第2位。

❸淮河流域平原面积有多少，共有耕地面积多少？粮食总产多少？占全国耕地面积和粮食总产的比重各为多少？

淮河流域平原面积有18万平方公里，共有耕地面积1 227万公顷，约占全国耕地面积的15%。主要作物有小麦、水稻、玉米、薯类、大豆、棉花和油菜,1997 年粮食产量为 8 496 万吨,占全国粮食总产量的 17.3%。农业产值为 2 844 亿元,人均农业产值为 1 812元,高于全国同期人均值 1 345 元。淮河流域在我国农业生产中已占有举足轻重的地位。

④淮河流域人均国民生产总值多少?有多少贫困县?

淮河流域自黄河夺淮以后,就逐渐贫困落后下来,至今经济发展水平仍低于全国平均水平,人均国民生产总值仅 3 398 元,远低于 4 810 元的全国均值。80 年代末统计,流域内有 28 个县人均收入低于 500 元,为贫困县。这些县主要分布在安徽、河南两省的大别山、桐柏山地区。虽经多年努力,经济水平有了较大提高,有的县也已脱贫,但与其他地区县市比差距仍很大。

⑤《禹贡》一书曾有分"天下为九州"之说,淮河流域属九州之中的哪三州,指的是什么地方?

先秦时期(公元前 221 年前),大禹治水,分天下为九州,淮河流域分属豫、徐、扬三州,其区域划分,皆以天然地形为界。淮河流域是夏、商、周三代的主要活动区及势力范围。夏代主要活动在流域的西北部,夏都阳城在今登封县境内。自商代开始,有了较明确的诸侯封国和城邑。商代的活动区在流域的北部,商代曾迁都 7 次,有 4 次在淮河流域。第一都"亳"在山东曹县南;第二都"嚣"在河南荥阳东北;第五都"庇"在山东鱼台;第六都"奄"在山东曲阜西。西周国都在黄河流域,而在淮河流域内有王朝行都及大量的诸侯封国。春秋时期流域内的诸侯国多达 40 多个。战国时期,七国争雄,淮河流域分属魏、韩、楚、齐等诸侯国。

❻春秋战国时期，淮河流域出现了哪些商业城市？

春秋战国时期，淮河流域诸侯国林立，又成为大国争霸和角逐的重要地区。由于政治和经济改革以及军事争夺的客观影响，促进了淮河流域经济繁荣和文化发展，出现了号称“天下之中”的商业都市陶（今山东定陶），还有陈（今河南省淮阳），寿春（今安徽省寿县）、睢阳（今河南省商丘）、彭城（今江苏省徐州）、大梁（今河南省开封）和鲁城（今山东省曲阜）等大都会。

❼古代泗州城为什么会沉没于洪泽湖？

位于淮河北岸的古泗州城，南与盱眙隔河相望。古泗州城的兴起，与隋代开挖的通济渠息息相关。通济渠唐宋两代又称汴渠或汴河，它从洛阳西苑，引谷、洛水到黄河，再从版渚（今河南省荥阳县汜水镇东北）引黄河水东南流，至古泗州城注入淮河。长江、钱塘江等流域的漕粮、货物，也都通过扬州到淮安，转淮河，到这里后，再由淮河出汴渠北上，运往都市长安、洛阳和汴京。船到这里，有的需要休整，有的需要转运，在汴渠入淮处的古泗州城很快就兴盛起来，到了唐代达到十分繁荣的黄金时代。那时的泗州城，跨汴渠东西两岸，中有虹桥相连，水运交通四通八达，来往商贾行旅云集。相传泗州还有一个风景区，城中有禹王台晓月、挂剑台秋月、浮梁练水、淮水浮烟等 9 大景致，城外还有灵瑞塔朝霞一胜，为文人雅士吟风咏月之所。这座古城，由于地势低洼，到了北宋年间，在汴河东西各建一座坚固城墙，后又在城外修筑一圈外堤，把城墙围在里面。金代，南北对峙，汴河不再运输长江以南的货物，泗州城的重要地位发生动摇，加上伴随而来的黄河南徙，夺淮入海，使淮河水排泄通路受阻，逐渐形成了洪泽湖。自元代京杭大运河开通以来，运河由会通河入泗，至清江浦入淮转运，泗州城已失去昔日的航运地位，每况愈下，转入维持生存阶段。明初，把东西两城合而为一，把土城改为砖石结构。这时城的周长 9 里 30 步，高 2 丈 5 尺，除有 5 座城门外，还有由闸门控制的水门，以备排水。明后期潘季驯大筑高家堰，洪泽湖水位提高，淹没线上移，泗州城更岌岌可危。淮河尾闾不畅，经常泛滥，城根长久在水中浸泡，石墙基址日见崩坏，护城河水高于城内，水门无法开启，城市东、西、北 3 门通路已不通行，只有南门勉强出入，西南水门还可以放水出城。由于泗州城西北 7 公里处建有明祖陵，为了护陵，泗州城在明代才免灭顶之灾。到了清康熙年初，进一步抬高洪泽湖水位，于公元 1680 年，泗州城终于被滔滔湖水淹没，从此泗州城在地图上消失了。

❽淮河流域县(市)命名与水有关的有哪些?

淮河流域以水命名的城市有 49 座：河南省的漯河市、汝阳县、临颍县、商水县、淮阳县、泌阳县、汝南县、潢川县、淮滨县、汝州市；安徽省的淮南市、淮北市、濉溪市、五河县、泗县、临泉县、涡阳县、颍上县；江苏省的淮阴市、连云港市、金湖县、洪泽县、东台市、灌云县、东海县、淮阴县、泗阳县、涟水县、泗洪县、沭阳县、灌南县、建湖县、响水县、射阳县、滨海县、邗江县、江都市、淮安市、新沂市；山东省的济宁市、临沂市、菏泽市、泗水县、沂源县、沂南县、沂水县、临沭县、汶上县、梁山县。

❾唐代扬州为什么会繁荣?

扬州是我国著名的历史文化名城，从春秋末年(公元前 486 年)建邗城起，迄今已有 2 475 年历史。隋炀帝时代开凿大运河，沟通了黄河流域和长江流域的经济、文化交流。扬州出现了空前的繁华，成为东南一大都会。唐代，扬州进一步兴盛，为南北交通枢纽，是商业、外贸、对外文化交流的中心，也是唐王朝税赋的聚敛地。当时的扬州商贾云集，会馆林立，市区人口 47 万，是全国粮、盐、茶、药材等货物的最大集散地。"夜桥灯火连星汉，水廓帆墙近斗牛"，"隔海城通舶，连河市响楼"记载了当时的盛况。唐初老诗人张若虚，著名学者曹宪、李善，大书法家李邕、王绍宗等，都是扬州人。张若虚和贺知章、包融、张旭并称为"吴中四杰"。鉴真大和尚在文化、艺术、医学、建筑等方面都有深湛素养，公元 743 年第 6 次东渡日本成功，向日本传播了先进的唐代文化。

⑩ 北宋五大名窑之一的钧台窑生产的钧瓷，为什么会在国际上享有"中国宝瓷"的美称?

悠悠颍河水，滋润着两岸的土地，哺育着颍河儿女，他们以勤劳的双手和高度的聪明才智，创造了灿烂的民族文化，开发了丰富的物产资源，禹县的钧瓷驰名国内外。

在禹县(今禹州市)西部的神垕镇，出产驰名中外的钧瓷。钧瓷已有千余年的历史，是在青釉器的基础上，用铜吸收窑炉内的还原气氛，烧成色彩绚丽红紫掩印的铜红釉，俗称窑变。北宋时期，铜红釉的还原烧制技术已达到成熟的阶段，形成了独特的风格。这一窑变釉的烧制成功，是我国古代劳动人民在烧窑工艺上的一次伟大创举，显示了我们祖先的高度智慧。因窑地近钧台，所以名为钧台窑。这一时期，正是钧瓷兴盛的黄金时代，进窑一色，出窑万彩，釉色变化达到了出神入化的程度。最著名的有玫瑰紫、海棠红、鹦哥绿、天蓝、米色、墨色等。其釉质浑厚透活，玉润晶莹、层次繁多，柔和淡雅，内含针尖般点点明星，兔毛似的色线，还有蟹爪般细长裂纹及蚯蚓走泥留痕般的曲纹。并且胎骨坚固，吸水率近于零，达到了高度瓷化程度。一件好的钧瓷，堪称无价之宝。所以，历史上曾有“黄金有价钧无价”之说。

金兵入侵，宋室南迁，钧瓷生产遂遭到人亡技绝的悲惨命运。新中国成立后，党和政府于1955年在神垕镇拨款建厂，积极组织老艺人和技术人员研制试烧，在不太长的时期内，摸索出钧瓷上釉的基本配方和窑变规律，终于烧制成功了窑变釉朱砂红、茄皮紫、胭脂斑、鸡血红、天青等名贵钧瓷典型釉色，以及青中泛红，红中泛蓝，“雨过天晴泛红霞”，“夕阳紫翠忽成岚”的画意色彩。器形古雅，雍荣华贵，畅销国内外市场，在国际上享有“中国宝瓷”的美称。

⑪你知道我国古代邮驿纪念地为什么设在高邮市吗？

古时候，高邮滨海，渐渐淤成一块较高的沙滩，所以，高邮曾叫过“高沙”。秦始皇统一中国，在这里筑台设置邮亭。因为古时候信件往来只有靠人骑马传递，在路上每隔相当距离就设个邮亭，用于邮递人员避让风雪和歇宿，所以高邮改名为“秦邮”。到汉代，设置高邮县，“高邮”开始正式得名。高邮城则是公元971年北宋开宝四年开始建筑的。为什么叫“高邮”，看来是将“高邮”与“秦邮”合二为一罢了。

秦始皇政二十四年（公元前223年）开始在高邮设立邮亭，隋大业元年（公元605年）隋炀帝杨广征发高邮等10万余淮南民众，疏拓扬州至淮安一线的邗沟为大运河，高邮的邮驿事业得到了迅速发展。唐在高邮设水驿，备有红船；宋又增设马递铺，建立了一套较为完整的铺递组织。从此高邮境内水、马驿道并行，成为南北水陆交通的咽喉。元代起开始在高邮建立秦淮驿，明洪武八年（公元1375年）高邮知州黄克明在前代驿站设置的基础上，修葺重设，次年，朱元璋颁诏令翰林学士考古订正元时驿名，后取宋代婉约派词宗、高邮邑人秦少游“吾乡如覆盂，地处扬楚脊”诗意，改名盂城驿。以后经过10代180年的修建，到嘉靖年间已形成规模宏大的建筑群。盂城驿既是传达政令、飞报军情、汛情、管理邮驿通信事务的机构，又是官员过往、囚犯押送的馆舍，是高邮历代邮驿机构中邮、交馆等功能较为齐全的驿站。清代乾隆时，在淮河流域建立了报汛制度，每年防汛期间，地方官将淮水涨发情况以日行200公里的速度，飞报下游州县，使其能及时防范。盂城驿则是驿卒中途食宿和换马的地方。可以想像当年盂城驿前送往迎来、车水马龙，运河中楼船鹢舰、鼓吹喧呼的热闹景象。

⑫在国务院公布的全国62座历史名城中，淮河流域有多少座？

在国务院公布的全国62座历史名城中，淮河流域有7座，分别是山东的曲阜，河南的商丘、开封，安徽的寿县、亳州，江苏的扬州、徐州、淮安。

曲阜是鲁国故都，是世界历史文化名人、我国著名思想家、政治家、教育家孔子的故乡。商丘是豫东名城，宋国故都，为中华民族发祥地之一。开封地名，始于春秋，已有2 700多年历史，是汴梁古城，七朝都会，当时开封城廓宏伟，商业隆盛，人口百万，为当时世界上著名的大都会。寿县古称寿春，为战国楚都。历史上著名的战例“淝水之战”，“赵匡胤困南唐”，及辛亥革命中，一支庞大的起义军崛起——“淮上起义军”，均发生在这里。亳州在商朝称为南亳，属豫州，相传成汤被诸侯拥戴为盟主时，即在此建都。自春秋迄南北朝经历代变更，至后周定“亳州”之名。扬州是我国著名的历史文化名城，从春秋末年建邗城起，迄今已有2 475年历史。淮左古都扬州始称邗城，战国时称广陵，隋炀帝时代开凿大运河，沟通了淮河流域和长江流域的经济、文化交流，扬州出现了空前的繁华，成为东南一大都会。徐州的古代史起于彭城。唐尧把颛顼的后裔篯铿封在这里，称大彭氏国，彭城由此而得名。苏北名城淮安是周恩来总理的故乡，是江淮流域原始文化的发源地之一。新石器时期的“青莲岗文化”，因治淮工程首次发现于淮安青莲岗而得名。淮安及东邻淮阴，扼江淮交通之咽喉，是我国古代东部地区南船北马的转换之地，故有“南北枢机”之称。

⑬淮河流域地处中原，有丰富的旅游资源，比较有名的旅游景点有哪些？

淮河流域是我国经济开发较早的地区，有沃野千里的良田，又是蕴珍藏玉的宝库，也是历代兵家必争之地。它的流程，它的灌溉，以及流域里产生的古老文化、一代杰出人物、历史上在这里进行的大的战役，都是闻名于世的，这些都给人们提供了丰富的旅游资源。

流域里有嵩山少林寺、曲阜孔庙孔府孔林、大禹涂山会诸侯等古迹；有鸡公山和《西游记》里描写的花果山，以及琅琊山、天堂寨、佛子岭、梅山水库等风景游览区；有水泊梁山、大泽乡等农民起义遗址；有开封、郑州、商丘、曲阜、寿县、亳州、徐州、扬州和周恩来总理的故乡淮安等历史文化古城；有著名的大别山、沂蒙山区革命根据地；有在此进行的闻名世界的淮海战役和淮海战役纪念碑；有大型的淠史杭灌溉工程和我国最大的电力排灌站——江都电力排灌站。

⑭淮河上、中、下游有哪"四关",历史地位如何?

淮河是一条古老独流入海的河流,在源头桐柏山有历代名人登淮的古代建筑和碑刻,在干流上有风光迷人的峡山、荆山、浮山三个峡口,同时还有长台关、正阳关、临淮关和云梯关四个关,这四关是淮河的咽喉和要塞,地理位置十分重要,悠久的历史文化、神奇传说以及经济的繁荣和发展都令世人瞩目。

长台关是千里长淮第一关,坐落在淮河上游的河南省信阳市北郊,"长淮古渡"为历史上的一景。长台关西北 5 公里的楚王城,以它重要的历史价值闻名于世。流传很广的"亡羊补牢"的典故就出自这里。楚王城发掘的一座战国墓,墓中出土的青铜编钟,我国第一颗人造卫星上演奏的《东方红》乐曲,就是用这一套青铜编钟演奏的,实物现存北京故宫博物院。中游重镇正阳关,是淮河中游的一个重要的物资集散地,远在东汉末年,明朝成化元年设立关卡,岁征税银达 62 400 多两,素有"淮南第一镇"之称,又有"银正阳"之誉。凡是来到正阳关的人,在浏览了古镇市容之后,都要登临正南大堤观赏淮河的风貌,寻觅世代相传"七十二水归正阳"的奇观。淮河告别了蚌埠市,逶迤东行,进入了有名的凤阳县境,县东北、濠河入淮口东南的临淮关,是凤阳县所属的一个集镇,而它的历史却比凤阳县城悠久。临淮关紧靠淮河,为水上交通要道。据考,临淮关有座钟离子城的遗址。相传是春秋时期钟离子国的都城。朱元璋当了皇帝以后,又把这里改为临淮县。清代废县,在这里设户部榷课和巡查,从此改名临淮关。临淮关由于历史悠久,地势险要,山川秀丽,有不少名人遗迹,历代诗人多有题咏,一直是江淮重要名城之一,其中闻名遐迩的观鱼台遗址为凤阳八景之一。淮河的第四关,即位于淮河下游的云梯关,是古淮河的入海口,古淮河从临淮关东流至今响水县境内云梯关入海。据清代河道总督靳辅开辟河口说"云梯关者,不知起自何时,乃黄淮二渎,所由入海者也。往时关外即海。"自公元12世纪以后,黄河长期夺淮,淮河入海口为黄河所夺,亦为黄淮的入海口。现废黄河左侧,有"古云梯关"4个字的大石碑,它是淮河入海口变迁的一个历史见证,已失去昔日的战略和水利建设的地位。

⑮千里长淮建有哪些跨河公路桥?铁路干线有几条?

据淮河流域四省的报道,淮河流域98%~99%的乡镇通了公路。横跨淮河干流的公路大桥有8座:盱眙大桥、五河县大桥、蚌埠公路桥、淮南市公路铁路大桥、凤台县大桥、淮滨大桥、潢川北大桥、信阳北大桥。

淮河流域内有陇海、京广、津浦、京九四条国家铁路干线穿过。截止1989年底,淮河流域共有铁路3 270公里,约占全国铁路长度的6.2%,其中复线1 210公里,单线2 060公里。1990年客运量5 488万人次(其中,江苏1 569万人次,安徽1 310万人次,山东529万人次,河南2 080万人次),货运量11 004万吨(其中,江苏2 470万吨,安徽2 500万吨,山东1 728万吨,河南4 306万吨),分别为全国的5.7%和7.3%。

⑯你知道蚌埠名称的由来吗?为什么说蚌埠是火车拉来的城市?

蚌埠是古采珠之地。传说大禹劈山治水,经怀远涂山,与涂山氏为婿,并大会诸侯于涂山。《尚书·禹贡》篇中就有这样的记载:"泗滨浮磬,淮夷嫔珠。"前句是说泗水附近产一种青石,可以雕琢石磬,发出清脆的声音;后一句说淮夷氏族居住的地方有一种蚌产珠。嫔是蚌的别名。古时把船舶聚集之处称为"步头","步"和

“埠”通用，步头亦叫埠头。蚌埠很早就是渔者聚居的地方，加上这一带盛产河蚌，这就是“蚌埠”名称的由来。

蚌埠境内，淮河水面宽阔，河床深广。自古以来，这里就是淮河上下和两岸广大地区水上运输的必经之地，也是兵家运兵运粮、争霸中原的水上要道。1908 年 8 月动工兴建的津浦铁路，北起天津，南至南京浦口，跨直、鲁、皖、苏四省，途经蚌埠。1911 年随着蚌埠淮河铁桥的建成，津浦铁路的全线通车，再加上淮河的水上运输，这个古代采珠的小渔村、凤阳府的边陲小镇，一跃成为水陆交通枢纽，皖北城乡物资交流的集散地。北京、天津、南京、上海各大都市的工业品、日用品，通过铁路运来蚌埠，再由蚌埠转送到两淮的广大城镇、农村；淮河流域出产的花生、大豆、麻、竹、木等土特产品，通过各条支流汇入蚌埠，再由蚌埠装上火车南下北上。到新中国成立前夕的 30 多年的时间内，蚌埠已成为拥有 20 万人口的皖北最大商业都会了。

⑰淮河流域已消失或尚存的较大的古城址有多少？

据统计，淮河流域较大的古城址共有 21 处。

河南省有 7 处：淮滨县期思古城，原为西周蒋国古城，位于淮滨县城东南 15 公里期思乡白露河和淮河交汇处。上蔡县蔡国古城，位于上蔡县城关芦岗上。新郑市郑韩古城，位于新郑县城关双洎河与黄水河交汇处。登封县阳城古城，位于登封县东南 12 公里告成镇东北。信阳市楚王古城，位于信阳县北 30 公里长台关乡苏楼村。禹州市阳翟古城，位于禹州市老城颍河和禁沟河交汇处东部。西华县女娲城，位于西华县城北 7.5 公里思都岗村西北。

安徽省 3 处：凤阳县钟离古城，该城为春秋时期钟离子国古城址，为省级重点文物保护单位，位于凤阳县临淮镇东 2.8 公里处小下庄。凤阳县明中都城,城建于明代,古城址在今凤阳县城西北隅,为国家级重点文物保护单位。寿县战国楚郢都寿春古遗址,位于寿县八公山境内,寿春即今寿县,是战国楚都,是一座具有两千年历史的著名古城。昔夏禹分天下为九州,寿县属扬州,殷商时是南方诸侯的封地。春秋时,它是蔡侯重邑。战国时,周敬王二十六年,楚昭王攻伐蔡国,蔡昭侯求吴翼护,便把国都迁此。后成为楚公子春申群的封地,因名寿春邑。楚考烈王二十二年,为避秦东徙迁都于寿春,将它改名为郢都。秦始皇灭楚后恢复其原名,置寿县邑,并定为九江郡治所。西汉时淮南王刘安又以它为都城。东汉时,寿春邑改为寿春县,曾为扬州治所。隋代开皇九年改扬州为寿州,治所亦在此,以后历代均曾为州、府治所,故人们多称其为寿州。民国初年改寿州为寿县。

寿县由于地处襟江扼淮的重要位置,千百年来,一直是兵家必争的军事重镇。州城屡遭战火和洪水的洗劫,历尽沧桑,几经兴衰。战国时郢都城早已荡然无存,现在人们能见到的古城则是到了宋代修复的。经过宋代五世 109 年,寿春城得以全面修建。今存寿州古城是我国至今保留最完好的古城池之一。该城一个最大的特点就是防洪功能建筑设计非常科学。城内筑有内城河,其东北角和西南角低洼处建有“崇墉障流”与“金汤巩固”两座涵洞,能控制城内外水的进出,不论雨水多大,城里却无积水内涝。洪水期间,城外常常是一片汪洋,而城内却安然无恙。寿州城墙现为省级重点文物保护单位。

江苏省 3 处:盱眙县东阳城遗址,该城位于盱眙县东阳乡境内,是秦汉古城。泗州城遗址,建于唐代初年,位于洪泽湖西南隅,盱眙县城淮河西岸,公元 1680 年被淹没,沉没至今已 300 多年。扬州邗城遗址,今邗城已不存在,邗沟故道尚有遗迹可寻。

山东省 9 处:莒县莒国古城,春秋至战国初期莒国都城遗址,位于今莒县县城。郯城县郯国古城，西周至战国初期的郯国都城，位于郯城县城北部。齐长城遗址，古代齐国边防设施，西起长清县，东经泰安、历城、莱芜、章丘、博山、沂源、临朐、沂水、莒县、五莲、诸城至胶南县小洙山东北入海，全长300多公里。滕州市滕国古城，西周至战国中期的滕国都城遗址。位于滕州市姜屯镇东滕城村。鄫国古城，西周至春秋后期鄫国都城遗址，位于苍山县车网乡城后村与曾城前村之间。台儿庄偪阳古城，西周至春秋初期偪阳国都城遗址，位于枣庄市台儿庄区涧头集西南2.5公里处。鲁国古城，位于泰沂山脉西南麓，泗水之滨，现在的曲阜城，位于鲁国古城内的西南角，仅占鲁国古城的1/7。鲁国古城是我国发掘的一座西周城遗址，地上、地下有着丰富的文物古迹，现在东南、东北面仍残存部分城垣，是研究我国古代历史、文化的重要史料，1961年被国务院列为全国首批重点文物保护单位。滕州市薛国古城，位于滕州城南18公里的地方，是目前我国在地面上保存较好的古代城池之一。邹城市邾国古城，位于峄山南麓至廓山之间，距邹城约12公里，邾国古城历史悠久，文物众多，1977年被定为省重点文物保护单位。

⑱为了发展经济，弘扬传统文化，改革开放以来，淮河流域各地为促进旅游事业举办了哪些文化艺术节？

安徽举办了五届中国豆腐文化节，花鼓灯艺术节。江苏举办了扬州艺术节、徐州汉文化艺术节。山东举办了孔子文化节等。

中国豆腐文化节是安徽省为数不多的国家级大型节庆活动之一，淮南市已承办了5次。该文化节集文化、科技、经贸、旅游为一体，内容丰富，活动精彩。

⑲我国农村实行“联产承包责任制”的策源地在哪里？有什么划时代意义？

1978 年，百年一遇的特大旱灾灼烧着尚未恢复生气的安徽省，除长江、淮河外，安徽省境内绝大多数河川断流，又刮了三次要命的干热风，水分急剧蒸发，土地龟裂，一些地方已靠汽车运水，以维持生活的基本需要。全省大幅度减产已成定局。秋后，衣不遮体、食不果腹的灾民，倾家出动，纷纷踏上了乞讨之路。

安徽省委常委召开紧急会议，研究如何度过旱荒，时任安徽省委书记的万里，在会上提出：与其看着农村的大片土地撂荒，倒还不如借部分土地给农民。就是这个战胜死神的重大决策，后来直接诱发了农民大包干的浪潮。于是，在诞生过朱元璋的土地上，中国当代农业史上一件惊天动地的事情发生了：1978 年 11 月 24 日晚上，以小岗生产队队长严俊昌为首的 18 户农民，聚集在一起，召开了一次秘密会议。会议以宁可冒杀头的危险也要吃饱饭的决心，决定率先闯关搞“包产到户”，从而引发了中国农村打破旧的经济体制、解放农村生产力的一场大革命。

这就是中国安徽省凤阳县梨园公社小岗生产队。1978 年的那个冬夜之后，它成了中国农村改革的第一村，大包干的发源地。

1978 年 11 月 24 日冬夜秘密会议中的三位领头人——队长严俊昌、副队长严宏昌、严立学，在摇曳的灯光下立誓：如果“包产到户”能让大家吃饱肚子，咱们就豁出去了！因为大家知道，这事弄不好，要被打成“现行反革命”坐班房。最后 18 户农民用食指摁上鲜红的印泥，一簇簇沉重的指印摁在自己的姓名上。

这是一份攻守同盟式的“保证书”。

如今，这份“秘密文件”陈列在中国革命博物馆，永久地向人们展现着当年中国农村这场暴风骤雨，昭示着一个永恒的真理——人民，只有人民，才是创造历史的真正动力。

然而，世上没有不透风的墙。小岗实行大包干的事到底还是暴露了。腊月，凤阳县委书记陈庭元在县委会上肯定了这种“大包干”形式。半年后，万里来到凤阳，听了小岗村的老百姓的反映后，非常高兴，说：“那好，我就批准你们干三五年。”

由于实行“包产到户”和“联产计酬”的农业生产责任制，凤阳仅用了一年时间，就摘掉了逃荒要饭的帽子。

1979年秋，小岗村大丰收，全队全年粮食总产量达6.6万公斤，相当于1966年到1970年的产量总和；生猪饲养量135头，超过历史上任何一年。这个自合作化以来从未向国家贡献过一斤粮食的“三靠队”，第一次就向国家交售粮食3.25万公斤，油料1万公斤。

在这个翻天覆地的过程中，党中央倾听群众的呼声，没有采取压制“包产到户”的行动。随着实践的深入，党中央决定将自发状态的“包产到户”加以总结提高，以指导全国的农村工作。从此，大包干很快成为全国农民奔向富裕的自觉行动，势如春风，吹遍神州。

⑳淮盐生产始于何时？它在我国盐业发展史上的地位如何？淮北盐场为什么会成为我国四大海盐产区之一？

两淮盐业大约起于西汉，《史记·货殖传》中说，彭城（徐州）以东的东海以及吴地的广陵（即扬州）均有煮海之饶。史书中说：自古煮海之利，重于东南，而两淮为最。两淮所产盐称淮盐，淮盐以粒大、色白、味鲜驰名中外。早在唐代，云南等地一些少数民族的姑娘们，皆以能得到淮盐做嫁妆为荣耀。

宋代前，以淮南盐业规模为大，淮北盐业则处于从属地位。北宋时，淮北盐业日益发展，在海州（今连云港）设有柏浦、惠泽、洛要三盐场。宋仁宗天圣初年，在涟水设转搬仓，专门运销海州、涟水的盐，宋时，海州产盐量已达47.7万余石。到明清时期，淮北盐业完全取代了淮南盐业，淮盐实际上全由淮北盐场生产。为加强对盐税的征缴，清代还将海州升为"直隶州"。因为海盐不需要另外加碘，目前，淮北盐场在我国食盐产业中仍占重要地位，其优等和一等品达98%以上，畅销八省一市。

㉑我国储量最大的地下盐矿在哪里，储量如何？

淮河流域不但盛产优质海盐，井盐储量也极丰富，苏北、豫西、安徽淮南均发现大型盐矿。其中最大的地下盐矿在淮安，已探明以淮安市为中心的227平方公里的地域内，有一个储量居世界前列的2 500多亿吨以上的大盐矿，是"盐都"自贡的10倍，盐层累计厚度240～1 000米，最大单层厚度130米，是名符其实的地下盐海。

㉒淮河流域石材资源如何，有哪些著名品种？

淮河流域有丰富的石材资源，江苏、河南均有大理石矿，大理石的花色品种繁多，山东、河南部分地区花岗石储量丰富。

著名的石材品种有山东平邑的"将军红"，安徽灵璧的大理石。

山东平邑建材资源十分可观，花岗石有4类12个品种，总储量为6亿立方米，其中"将军红"声誉最高。1987年即被定为花岗岩板材加工出口基地县。

灵璧自古就以石材皆珍著称，尤以所产大理石著名。较名贵的品种有红皖螺、灰皖螺、磬云石等，还有文石、莱玉石、聚烟石、透花石、黑白石等10多个花色品种。灵璧大理石厂生产的板材因品质优良被列为海关免检产品，销往美国、日本、新加坡等十几个国家和地区,并广受赞誉。灵璧工艺厂的大理石雕刻,运用圆雕、镂空、浮雕等技法,工艺精湛,被列为全国轻工系统出口创汇基地之一。

㉓你知道淮河流域有哪些著名煤城吗,蕴藏量和年产量如何?

淮河流域矿产资源极为丰富,尤以煤炭储量为最,初步探明为700多亿吨。主要集中在安徽的淮南和淮北、豫西、鲁西南、苏西北等矿区,且煤种好,埋藏浅,分布集中,易于大规模开采。公元1881年清政府开始在徐州开办煤矿,新中国成立以前,淮南、淮北、枣庄、徐州等地已有一定规模的产量。新中国成立后,因工业生产和民用的需要,逐步建立起徐州、淮南、淮北、枣庄、兖州、平顶山等一些煤城,1997年产煤量约占全国产煤量的1/8,是我国的主要煤产区。

㉔淮河流域火力发电工业发达。你知道有哪些较大的火力发电厂,总装机容量是多少?

淮河流域煤炭资源十分丰富,发展火电工业得天独厚。至新中国成立前的1949年,郑州、开封、淮南、徐州、扬州、连云港、枣庄已先后建立起一些小火电厂。新中国成立后,为适应国家工农业发展的需要,各地电力工业迅速发展,到1989年全流域火电装机容量已达1 000万千瓦。现在,火电装机容量近2 000万千瓦。流域内较大的发电厂有:河南姚孟电厂,安徽田家庵电厂、洛河电厂、淮北电厂,江苏徐州茅村电厂,山东邹县电厂、十里泉电厂。这些电厂主要为华东和华中地区工农业生产和人民生活提供能源。

㉕淮河流域公路运输开始于何时？有多少条国道经过或起止于流域内？

淮河流域平原占2/3，发展公路运输得天独厚，19世纪末流域4省就开始修筑公路。1920年安徽泗县绅士开办汽车运输公司，营运于泗县至五河之间。此后，民间成立的汽车公司逐步兴起，政府也设立了公路管理机构。新中国成立后，公路运输有了进一步发展，但直到改革开放以后，公路运输才得到迅速发展。如今，不仅各市县，而且几乎所有乡镇都通了汽车。大量国道、省道和高速公路交织于流域内，主要国道有14条经过流域或起止于流域内，它们分别为104、105、106、107、204、205、206、217、220、310、311、312、327、328国道。

㉖有哪几条铁路交通大动脉从淮河流域穿过？

淮河流域地处中原，是东西南北交通必经之地。因此，公路、铁路交通都极为发达。我国的京沪、京广、京九、陇海四条铁路交通大动脉都从淮河流域经过，是我国铁路线最密集、运载量最大的区域。

㉗京九铁路何时开通？它横贯淮河流域多少公里？对淮河经济开发有什么作用？

京九铁路于1993年全线正式开工，1995年11月全线贯通，1997年5月18日，在全国人民准备喜迎香港回归祖国的前夕，旅客列车正式运行。

京九铁路是我国铁路建设史上规模最大、投资最多、一次性建成里程最长的铁路干线。它位于京沪、京广两大铁路干线之间，北起北京，南至深圳，连接香港九龙，跨越我国9个省、市，全长2 536公里。京九铁路横贯淮河流域约550公里，对淮河流域经济发展有重要意义，促进和带动了这一地区的经济腾飞，具有显著的社会效益和经济效益。

㉘淮河流域国家商品粮基地县有多少？全国县（市）粮食产量排序前100名的县（市）中淮河流域占多少？

全国重点投资建设的商品粮基地共119个，淮河流域有49个，约占30%，其中江苏12个、安徽15个、山东12个、河南10个。全国县（市）粮食产量排序前100名的县（市）中，淮河流域有37个，占近40%。

㉙淮河流域人均国民生产总值多少？流域内有多少贫困县？

淮河流域自黄河夺淮以后，就逐渐贫困落后下来，至今经济发展水平仍低于全国平均水平，人均国民生产总值仅3 398元，远低于4 810元的全国均值。据80年代末统计，流域内有28个县人均收入低于500元，为贫困县。这些县主要分布在安徽、河南两省的大别山、桐柏山地区。虽经多年努力经济水平有了较大提高，但与其他地区县（市）比差距仍很大。

㉚淮河流域棉、油产量如何，在全国占有什么地位？

淮河流域一直是全国棉、油等经济作物的主产区。按农业部统计，1991年全流域棉花播种面积192.8万公顷，总产量165.28

万吨;1990年全流域油料播种面积154.6万公顷,总产量301.95万吨。棉、油产量分别占全国总产量的1/4和1/5。1989年全国县(市)棉花产量排序前100名中,淮河流域内有31个,约占30%,前3名也全是淮河流域的,分别为射阳、大丰、东台三县。1989年全国县(市)油料排序前100名中淮河流域有33个,占1/3。由此看到,淮河流域的油、棉等主要经济作物的产量在全国具有举足轻重的作用。

㉛淮河流域淡水鱼养殖面积有多少,年产量多少?

淮河流域河渠纵横,库塘众多,湖泊洼地星罗棋布,水域广阔,鱼类资源丰富。流域内现有水域总面积154万公顷(其中河流45.3万公顷、湖泊59.9万公顷、水库18.2万公顷、池塘30.7万公顷)。相应可养鱼面积为66.3万公顷。此外,淮河以南及沿淮洼地区域,可发展稻田养鱼。

淮河流域是我国主要淡水鱼养殖区,有各种鱼类128种。1989年淡水水产品产量即达63.8万吨。

㉜淮河流域的烤烟产地分布在哪些地区?烤烟产量在全国地位如何?

淮河流域种植烟叶当追溯到明朝末年,主要产区在许昌地区,但一直采用晒制办法。1915年美英资本家才在安徽凤阳武店和河南襄城试种烤烟成功;1917年英美烟草公司在许昌建立,并在许昌附近和安徽凤阳县门台子建烟叶复烤厂。随后,许昌附近各县卷烟的家庭工业和手工作坊日益发展,成为闻名全国的产烟区。1933年,我国民族资本家在蚌埠开办大来烟厂,加工来自凤阳、定远、嘉山一带的烤烟。

新中国成立后，烤烟工业得到进一步发展，山东临沂地区发展成为新烟区。流域内新设烟厂遍布各地市，尤以蚌埠卷烟厂规模最大，它的前身原为解放区新四军第三师创办的东海烟厂，蚌埠解放后迁来，现已发展成为驰名国内的十大烟厂之一，居全国第6位，是安徽省最大的利税大户。该厂生产的"黄山"和"渡江"香烟，成为全国名牌，远销海内外。80年代末，许昌烟叶年复烤能力已达1.5亿公斤。安徽的产烟区扩大到淮南、淮北、亳州等县(市)。山东临沂成为优质烟叶基地，苏北也有一定烤烟生产。整个流域所产烤烟量居全国首位。

㉝为什么说淮河流域是我国的酒乡？国家历史名酒有几种？

淮河流域河渠纵横，沟塘绕村，地下水位高，为酿酒工业的发展提供了优越的条件。流域内几乎各乡都产酒，县县有名酒。有些地区如淮阴地区、亳州地区形成了名酒集中产区，现国内出名的酒就有古井贡酒、洋河大曲、双沟大曲、口子酒、双轮池、皖酒、汤沟大曲、高沟大曲、孔府宴酒等几十个品种，而实际上的地方名酒则更多。国家传统的八大历史名酒中淮河流域就占了3种。分别为古井贡酒、洋河大曲、双沟大曲。所以，淮河流域是名副其实的酒乡。

㉞我国最长的果林带在哪里？它横跨多少个省、县(市)，有什么水果名产？

淮河流域有一条长千余里的黄河故道，它是黄河夺淮的印迹。

新中国成立前,这里是淮河流域的黄沙发源地,从50年代初开始,人民政府投资,在这条黄河故道上,建起了宽度达1～2.5公里的5条大型防护林带,锁住了肆虐的风沙。当地人民又在故道上栽种各种果树,从而建成了中国最长的果林带。它西起河南省兰考县,东至江苏省滨海县黄海岸边,全长600公里,横贯河南、安徽、江苏3省20多个县(市)。成为蔚为壮观的千里果林带。主要果产品为葡萄、苹果、梨、核桃等。全国著名的民权葡萄、砀山酥梨都产于这里。

㉟江苏连云港是亚欧大陆桥的东桥头堡。它的地理优势如何,对促进国家经济发展发挥了什么作用?

连云港市是我国沿海中部的重要海港城市,也是淮河流域最大的海港,1988年港口吞吐量首次突破千万吨大关,跻身于全国八大海港之列。

连云港位于陇海铁路的东端,因而其在对中西部货物东运中的地理优势十分明显。它海空交通都很发达,高速公路可直达徐州、扬州。

连云港"一市双城式"结构,奇特的海岸地貌,更吸引了八方游客,使其旅游资源在全国独树一帜。

㊱为什么称郑州为"铝城"?

郑州市的铝矾土矿藏极为丰富,市区及所辖的密县、登封、荥阳等县储藏有大量铝矾土。1958年国家即在郑州建成铝厂,1966年形成年产20万吨氧化铝的生产能力,1987年达57万吨,占全国氧化铝产量的50%,产铝锭3万吨。郑州铝厂所产氧化铝1980

年荣获国家该行业最高奖章银质奖章，畅销国内外；所生产氢氧化铝按冶金部标准检验，一级品率一直保持100%，各项质量指标都达到和超过国际先进水平，命名为“雪花牌”的氢氧化铝产品，1982年获得国家银质奖章。

郑州铝厂还在科研上取得了不少突破。如创造了“拜尔法不平衡溶出”新工艺等，改革后前5年科研成果该厂即有4项获全国科技大会奖；在国家考核的22项指标中，该厂14项居全国第一，取得了技术创新和生产双飞跃。

㊲为什么说洪泽湖“日出斗金”？

洪泽湖是我国著名的五大淡水湖之一，同时也是全国最大的平原水库。浩浩东流的淮水经洪泽湖调蓄后，大部分从三河闸南泄长江，部分由苏北灌溉总渠东注黄海。

洪泽湖最大库容为170亿立方米，可以转承淮河中上游15.8万平方公里的来水。

洪泽湖水面浩淼，湖周滩涂广袤，湖区光照充足，水草丰茂，盛产鱼虾蟹蚌。莲藕菱芡、柳柴蒲草，自古就被誉为“日出斗金”的宝湖。

洪泽湖湖底平坦，水生动植物繁多，是天然的温水鱼类养殖场。目前有鱼类16科84种，虾、蟹类6种，水底栖动物39种。1989年，湖年捕捞量即达17 937吨，养殖产量达27 820吨，两项产值达13.7亿元。其中银鱼产量居各大湖之首，螃蟹也是大宗产品。

洪泽湖环湖354公里的湖岸边，除东岸人工大堤外，其余沿岸都有不同幅度的滩地。土层一般在0.4米以上，富含有机质，无钉螺孳生，滩与滩之间的河沟和部分浅水滩面生长着茂盛的芦苇、菱、藕、蒿苗草，一些地势较高的滩面栽有杞柳、紫穗槐等经济灌木，为滩涂经济的发展提供了良好的条件。

㊳淮河流域茶叶产地在哪里，有何种名茶？

淮河流域的大别山、桐柏山一带因气候湿润，山里有机肥充足，对茶叶的生长极为有利，所以盛产茶叶。著名品种有信阳毛尖、六安瓜片、霍山黄芽、岳西翠兰等。

其中信阳毛尖、六安瓜片是国家名茶。

信阳毛尖的主产地是浉河上游群山中的“四云”、“二潭”。“四云”即车云山、集云山、云雾山、天云山；“二潭”即黑龙潭、白龙潭。

浉河上游一带的群山，雨量充沛，常年云雾缭绕，光照弱，湿度大，土质肥，极适宜于茶叶生长。盛产上等毛尖的车云山，就因山峰常有一缕缕白云缭绕，似一车轮转动而得名。

信阳种茶，历史悠久。据唐地理志记载：“义阳（信阳古称）土贡品有茶。”说明当时信阳茶叶已为唐代皇宫所重视了；到了宋代，信阳茶叶已名扬各地。苏东坡曾有“淮南茶信阳第一”的品评。新中国成立后，信阳毛尖的品质不断提高，1959 年在全国名茶鉴定会上，与西湖龙井、黄山毛峰、太湖碧螺春等，同列为全国十大名茶。

六安瓜片，又名齐云瓜片，产于史河、淠河上游的齐云山。齐云山（并非皖南道教圣地齐云山）又名齐头山，齐山。李白曾有诗云：“扬子江中游，齐云顶上茶。”所言齐云即指此山。齐山位于大别山东段，海拔虽仅 800 多米，但终日云雾缭绕。这里的土质属乌沙土，易吸水滤水，又因深山老林多腐殖有机肥料，对茶叶生长极为有利，所产茶叶肥壮嫩厚，加之山花遍地，熏染茶叶，为茶叶增添了浓郁清香，形成齐山茶独有的浓醇茶香。

"齐云瓜片"最佳者,是齐云山蝙蝠洞附近的茶。这里所产的茶叫"齐山云雾",是"齐云瓜片"中的上上品,过去只做贡品,民间从无享受。这种茶经滚水一冲,雾气蒸腾,浓香四溢,百米之外可闻到茶香。

据说,基辛格博士对"齐山云雾"情有独钟,每次来中国都点名要喝"齐山云雾",这恐怕是与"齐山云雾"独有的浓郁茶香分不开的。

㊴为什么称扬州为特产之乡?它有哪些特产?

扬州不仅是历史文化名城,而且是特产最多的城市,故被誉为特产之乡。其驰名中外的特产主要有:

扬州琼花:从宋代至今一直冠于海内。

扬州金鱼:品种繁多,体态奇特。

扬州盆景:始于唐,盛于明清,其特点是借鉴画理,取法自然,以有限的景物表现无限的空间,是盆景流派中重要一支。

扬州漆器:国际上获过金奖,艺术品位居全国漆器之首。

扬州玉雕:明清时最盛,代表作如我国现存最大的玉雕——《大禹治水》玉山,就是乾隆年间在扬州耗时 6 年琢制而成的稀世之宝。大型玉雕《宝塔炉》、《三星对弈》和《石刻聚珍图》等也都被国家收藏。

扬州剪纸:以清新秀丽见长,名手辈出。

扬州烹饪:久负盛名,素有"食在扬州"之美誉,形成驰名中外的淮扬菜系。

扬州酱菜:咸甜适中,中外驰名。

扬州点心:以品种繁多、做工精细饮誉海内外。

扬州三把刀:食刀、剃刀、修脚刀。工艺精湛,堪称一绝。

40 为什么说亳州是我国的药材之乡?

亳州不仅是著名的历史文化名城,还是我国的药材之乡。

亳州种植中草药的传统源自于东汉末年。那时,亳州出了两大奇人:一是曹操,一是华佗。曹操是一位具有雄心大略的政治家、军事家,而华佗则一生不慕富贵功名,笃志于行医治病,今天在华佗故居内的一个亭柱上,书的对联仍是“自是闲云野鹤,怡然流水瑶琴。”亳州人至今引以自豪的并不是挟天子令诸侯而后取天下的曹操,而是一代神医华佗。亳州人世代相承种植草药的传统,正说明了这一点。

亳州中药材品种很多,尤以白芍闻名,亳州所产白芍又名亳芍,外表白、粉性重、质量好、疗效高,已有 2 000 多年的种植历史。现在每年除大量供应国内市场外,还向东南亚出口百万公斤。

亳州目前已有 40 万人从事药材种植、加工和销售,不但药材种植量冠于海内,加工、销售人员也最多。亳州药市是我国最大的药材批发市场,数量、品种均位居全国四大药市之首。江泽民总书记曾欣然命笔为亳州药市题词“华佗故居药材之乡”。这是对亳州人极大的鼓励和鞭策。

41 为什么说孔府宴是一种高级文化宴席?

孔子被历代朝廷所尊崇,孔府因礼仪的需要常举行一些大的庆典和招待活动,久而久之形成了其特有的宴席文化,称孔府宴。

孔府宴视接待的贵宾和所行庆典的不同,有各种等级差别。

最高的一等是招待皇帝和钦差大臣的“满汉宴”,是满汉国宴的规格。一席宴,光餐具就有 404 件,大部分是象形餐具,有些餐具的名就是菜名,而且餐具分为上、中、下三层,上层为盖,中层放菜,下层放热水。满汉宴要上菜 196 道,全是名菜佳肴。如满族的

"全羊带烧烤",汉族的驼蹄、熊掌、猴头、燕窝、鱼翅等。另外,还有全盒、火锅、汤壶等。

办的最多的是平时寿日、节日、婚丧、祭日和接待贵宾用的"鱼翅四大件"和"海参三大件"宴席。

孔府宴,礼重于吃,所以内涵及形色比内容更重要。

孔府宴,是吸取了全国各地的烹调技艺而逐渐形成的。2 000多年来,孔府宴不断翻新,日趋完善。成为一种最具文化色彩的高级宴席。

㊷为什么称东海为"水晶之乡"?

我国的水晶矿藏集中分布于苏北的东海、新沂一带,尤以东海水晶著名,是全国闻名的"水晶之乡"。

东海水晶矿藏遍及全县各乡镇,总储量3亿多吨,占全国储量的一半以上,且品位、质量均居全国之首。东海县生产的水晶项链和晶雕产品在国内外广受欢迎,年销售量占全国的1/2,除畅销祖国大陆各大城市外,还销往日本、美国和港澳台等国家和地区。

不久前,中国东海水晶城建成,占地2.8万平方米,年成交额由5年前的2亿元上升为4亿元,成为东海经济发展的支柱。

㊸山东菏泽(古称曹州)为什么被誉为"牡丹之乡"?

牡丹原产于洛阳,以花大、香浓、富丽堂皇而居群芳之首,被称为花中之王。洛阳牡丹在唐宋时期达到鼎盛。明代时,先是亳州牡丹取代了洛阳牡丹的地位;明代万历之后,曹州牡丹又取代亳州而冠于海内外。素有"曹州牡丹甲天下"之誉。

《菏泽县志》载:"每当仲春花发,出城迤东,连阡接陌,艳若蒸霞。”可见当年盛况。

菏泽牡丹的集中产地在菏泽城东北一带。当地人世代相传以种牡丹为生。现在种植总面积达330多万公顷,产量居全国之冠。

菏泽牡丹不仅产量最大,品种也最全,有480余种,红、白、黄、绿、粉、紫、蓝、黑各色俱全,可谓集古今牡丹佳品之大成。有些品种如黑牡丹是新中国成立后才培育成功的,它是花卉中极少见的颜色。

牡丹花可观赏,根也能入药。加工后的牡丹根,中医称丹皮,有清热、活血、散淤、消炎、抗菌、降血压等功效。

菏泽牡丹不但畅销国内各大城市,而且远销欧、亚、美几十个国家。

㊹宝应县为何被国务院命名为“荷藕之乡”?

1999年初,宝应县被国务院正式命名为“荷藕之乡”。宝应县荷藕种植历史悠久,也是传统特产。宝应所产藕清脆香甜。是藕中上佳之品。宝应之所以产好藕,是因为宝应的湖塘土壤是经湖的长期沉积而成的横渣土,有机质含量极为丰富,有利于荷藕的生长。

宝应有许多世代相传的种藕户,他们靠技术带动了全县的种荷业。如今,宝应县的荷藕种植面积达1.3万公顷,年产量20万吨,产值5亿多元。其种植面积、产量、品质和出口量均居全国第一。

过去宝应的荷藕一直是以卖原料为主,如今,他们开辟了深加工的新天地。现在宝应县有荷藕加工企业15家,年加工鲜藕6万吨,产藕制品3万多吨,大部分供出口。日本80%的荷藕制品来自宝应。

宝应不愧为我国的“荷藕之乡”。

㊺东明县为何被国家命名为“西瓜之乡”？

1995年3月25日，东明县被国家命名为“西瓜之乡”，命名大会于同年4月6日在北京人民大会堂举行。

山东东明县以沙土为主，土层深厚，含钾丰富，为西瓜的生长提供了优越的自然条件。据《东明县志》记载，该县西瓜种植业始于唐代，素以瓜大而甜闻名。1959年，大屯公社的瓜农戴大会培育出三个特大西瓜，分别重51.5、53、53.5公斤，引起轰动，被称为“西瓜之王”，被载入《吉尼斯世界纪录》。1988年7月在全国西瓜第二届新品种评比会上，东明县的“齐园”和“开发一号”分别荣获优质商品西瓜第2名和第4名。1991年7月在农业部举办的首届西瓜评优会上，东明县的西瓜再次荣登榜首，“齐红”和“丰收二号”双双荣获特优产品称号。

近几年，东明西瓜的质量和产量又得到全面提高，1994年西瓜种植面积达8 000公顷，年产量4.5亿公斤，产值2亿多元，利税1.2亿元，占全县国民经济总产值的25%。

㊻淮河流域两大石榴园在哪里，有何特点？

淮河流域有两大著名石榴园，它们是怀远荆山石榴园和枣庄峄县万亩榴园。这两大石榴园历史悠久，所产石榴个大、籽粒饱满、味道纯正，均为石榴中上品。

怀远荆山石榴园，唐代时即出名，明清以后更加声名远播，其品种称为玛瑙子，以果形滚圆、皮薄籽大、粒多透明，汁甘味醇而著称，清代作为贡品供皇宫享用。原来只在荆山脚下白乳泉边种植，现已扩大种植规模，发展到万亩以上，年产几百万斤，远销东南亚和欧洲一带，在国际市场上享有盛誉。

枣庄石榴集中产地为峄县万亩石榴园。它位于枣庄西南的丘陵地带,万亩石榴园东西长达15公里,共有三四十万株石榴树,远远望去,犹如百万大军所列方阵。每年农历五月,石榴花火焰般怒放,似片片红霞,引无数蜂蝶翩翩而至,人称“天下第一石榴园”。

47为什么砀山会有梨乡之称?

黄河故道历来就是生产果品的地方,其中最著名的就是砀山酥梨。砀山位于故道南堤岸边,这一带属于温带落叶果林区,适宜梨树生长。这里无霜期长,平均每年无霜期202天,昼夜温差大,夜间气温较低,树体的异化作用相对减弱,这对梨子的迅速膨大和养分积累、有机酸的转化十分有利。所以,早在400年前已有酥梨栽培的记载,至今仍保留有百年以上的老园老树。早在新中国成立前砀山酥梨就以皮薄汁多、肉多核小、甘甜酥脆名扬海内外,有梨乡之称。

新中国成立后,砀山人民又在故道上创建了国营果园和园艺场,栽植几千公顷果树,开辟了新的酥梨生产基地,同时又不断对老的梨树进行更新改造,培育新的优良品种。1985年在全国优质名特产品评比会上,砀山酥梨即被定为全国名特水果。近十几年来,砀山酥梨虽广为引种,但因地理条件得天独厚,砀山所产酥梨仍在产量和质量上优于外地。除行销国内各省市外,还远销亚、欧、美各国,受到广泛赞誉。

48符离集烧鸡是怎样名扬国内外的?

符离集烧鸡以产地符离集而得名。历史上符离集是宿州地区的经济中心,由于商业的发展,符离集经营食品的店坊也日益增多,烧鸡也就在这里产生了。初时的烧鸡不叫烧鸡而叫“红鸡”,只是将鸡去爪去翅，熟煮后涂一种叫“红曲”的色素出售。到30年代初期，山东德州的“五香脱骨扒鸡”传到符离集，烧制“红鸡”技术吸取了“五香脱骨扒鸡”的优点，改为配以十三味香料，先经过高温卤煮，后以小火回酥，遂创造出具有特殊风味的符离集烧鸡。

制作符离集烧鸡须选用肥嫩健鸡洗净全身后，“别”好晾干，用糖汁浇过，香油烹炸，再配以砂仁、山茶、白芷、丁香等十三种香料，放在保留、使用了几十年的老汤内，先经过高温卤煮，后用小火回酥4～6小时方才捞出。制作好的烧鸡，香气扑鼻，色佳味美，肉质雪白，肥而不腻，肉烂而连丝，嚼骨有余香。

符离集烧鸡在1965年全国食品展销会上一举成名，并很快扬名国内外。80年代后又进行技术开发，研制成功烧鸡保鲜技术，现已打入国际市场，成为创汇产品。

㊾豆腐是谁发明的？为什么说“八公山豆腐甲天下”？豆腐文化节共举办了多少届？

豆腐古称脂酥，没骨肉，是以黄豆、青豆为原料，经浸泡、磨浆、过滤、煮浆、凝固成型等工序加工而成。

豆腐相传为西汉淮南王刘安所创制。据传，刘安为求长生不老，遍访各地秘方，在访问中，他发现山里常吃豆汁的人，有不少能活百岁以上，这使他大为惊奇。刘安在仿制研究过程中，无意间制成了豆腐，他食后觉得味道不错，身体也健壮起来，便在他管辖的范围内推广，并每年组织评比，结果以八公山的豆腐最好。

八公山位于寿县城西3公里处，山上多泉水，其中最著名的是珍珠泉和玛瑙泉。八公山豆腐即以上乘黄豆做原料，用珍珠、玛瑙二泉之水为汁，经精细加工制作而成。做成后的豆腐质地细嫩、色泽洁白、犹如羊脂。以此豆腐做成的各种豆制品，都是上乘佳肴。

在2 000多年的传播中,豆腐受到越来越多的人的喜爱。如今,已形成了独特的豆腐文化。

自1995年9月15日在淮南召开第一届豆腐文化节后,我国每年于此日召开一次,节日期间,人们品尝正宗的豆腐制品,交流制作工艺,既饱口福,又体验文化内涵,一举两得。

㊿ 南四湖产一种奇特的鲤鱼。这种鱼奇在哪里?

普通鲤鱼都只有两个鼻孔,惟有南四湖鲤鱼长有四个鼻孔,而且这种鲤鱼有一个显著特点,就是喜欢逆水而行,当它碰到障碍物时,不是减速绕道而行,而是倚仗自己的跳跃功夫,加速前进纵身越过障碍。有些人将此行为演绎为“鲤鱼跳龙门”。这种鲤鱼虽跳不过龙门,但确有高超的跳跃本领。

四鼻鲤鱼是微山湖的特产,肉质细嫩、鲜美,口感极好,过去仅作贡品进献皇宫,今天则多用于国宴,招待外宾。

51 为何说逵泉香稻是稻中珍品?

逵泉香稻,又称曲阜香稻,产于曲阜东南1.5公里处的逵泉池一带。

据《曲阜县志》和元代碑文记载,曲阜香稻在殷商时期已开始种植,至春秋战国时期“种植香稻粳糯,出自逵泉左右者为上谷”。历代均将逵泉视为“神泉”,此水所产稻米被称之为“神品”。金代大定年间曾整修逵泉池,元代至正年间在逵泉池旁建龙神祠,到清代乾隆年间又扩建为龙王庙并建起钟楼等建筑,将此泉当神泉祭拜。孔子的历代子孙,均以此稻作为贡品进献皇宫。

逵泉香稻的显著特点是:从扬花开始,就散发出一种浓郁的清香，成熟后，米粒色白透明，微显青头，用来煮饭，米质黏细、浓香醇厚，有“一家煮饭十家飘香”之誉，因此，1960 年全国农业展览会上将逵泉香稻编入《农作物稀有名贵品种》一书；1985 年编入《山东农业名产》。

㊾淮海经济区成立于何年，由哪些地市组成，现状怎样？

淮海经济区位于我国东部沿海地区的腹部，由苏、鲁、豫、皖四省接壤地区的 19 个地市组成，包括江苏省的徐州、连云港、淮阴、盐城、宿迁；山东省的枣庄、济宁、泰安、莱芜、日照、临沂、菏泽；河南省的开封、商丘、周口；安徽省的蚌埠、淮北、宿县、阜阳。总面积 17.9 万平方公里，人口 1.24 亿。

该区地理位置优越、区位优势突出，在全国经济格局中占有重要的战略地位。是长江中下游地区先进科学技术和工业品向我国中西部地区辐射的第一中转站，也是中西部地区向沿海发达地带输送农副产品、矿产品、原材料的枢纽，处于其他地区无法替代的位置。

该区是历史自然形成的经济区域，山水相连，习俗相似，道路相接，商旅相通，自古以来区域之间就保持和延续着密切的人际交往、经济贸易、文化往来和社会联系。该地区人民有着并肩战斗的光荣传统，举世闻名的淮海战役，更加凝成了本区人民团结战斗的深情厚谊。但是，由于历史的原因，该地区也是经济欠发达地区。1986 年 1 月，在接壤地区政府领导的倡议下，苏、鲁、豫、皖四省接壤地区经济社会发展战略讨论会在北京举行，共同论证淮海经济区成立的必要性。经过认真协商、充分筹备，1986 年 3 月 15 日，苏、鲁、豫、皖四省接壤地区首届市长、专员会议在江苏徐州隆重召开，宣告淮海经济区正式成立。

到 1999 年，淮海经济区已走过 13 年历程。在成员地市共同努力和精心培育下，区域联合结出了丰硕果实。区域之间生产、生活资料协作金额达 140 亿元，横向融通资金达 920 亿元，经济技术项目协作交流 6 200 项，行业网络、企业群体发展到 120 多个，给区域经济发展注入新的活力，推动了淮海地区经济低谷的快速隆起。据统计，1997 年区域国内生产总值(GDP)达 4 710 亿元，为联合前的 8.5 倍；财政收入 303.4 亿元，是联合前的 6.2 倍；社会商品零售总额 1 700 亿元，是联合前的 6 倍。这一年，该经济区的发展速度高于四省平均水平，成为在全国较有影响、富有成效的经济协作区之一，得到了国家和四省的关注和支持。

治理开发篇

❶大禹治水成功后，在何处召开诸侯大会？大禹治淮有何传说？

传说中的尧舜时代，中国大地经常洪水泛滥，舜帝继位后，任用禹治水。禹吸取了父亲鲧治水的经验教训，采取“高高下下，疏川导滞，钟水丰物”的办法，把河道加宽加深，疏导归下，并辅以湖泊蓄水，以分判水陆，使陆地种植五谷，水地用以养鱼虾，通舟楫，各为人用，以起到“水由地中行”的效果，治水取得成功。大禹治水成功后，“大会诸侯于涂山，执玉帛者万国”，庆祝治水的伟大胜利。据当代历史地理的权威专家、上海复旦大学教授谭其骧考证：涂山，即安徽省怀远县境内淮河南岸的涂山。

大禹治淮有很多传说。相传他曾三次到桐柏山察看淮河水情，征服淮河水妖无支祁；他凿山导淮，劈开峡山和荆山口，烧山凿石开挖禹王河；在涂山娶妻生子后，为治水，他三过家门而不入；他还在支流颍河源头嵩山南麓开凿轘辕山口，治理洪水。

大禹治水13年，不畏艰苦，身先士卒，变成了“手不爪，胫不毛，生偏枯疾，步不安行”的人。他是我国历史上第一位治水英雄。

❷我国最早沟通江淮和黄淮的是哪两条运河？它对我国古代经济开发有什么作用？

我国最早沟通江淮和黄淮的两条运河是邗沟和鸿沟。

春秋晚期，吴王夫差为了进军中原，与齐、晋争霸，于公元前486年动员大批人力，开凿邗沟。邗沟是利用江、淮间湖群密布的地理条件，稍加疏凿，加以串通而成。它南引江水，向北过高邮后，折向东北，出射阳湖后又改向西北，经今淮安注入淮河。邗沟的开挖，沟通了江淮，对后世影响很大，后经汉代及隋代的系统整治，基本上形成了元、明、清京杭运河江淮间的河线（今称里运河），至今仍发挥着航运和水利灌溉效益。

战国时代，魏国成为强国，为了向中原地区扩张势力，公元前 362 年，魏惠王将国都从山西夏县迁到大梁(今开封)，迁都的第二年就着手开挖鸿沟。鸿沟西自河南省荥阳北引黄河水东流，入中牟县西圃田泽，引圃田泽水东流，把鸿沟运河延伸至大梁，绕过大梁城东，折向南行，经扶沟至陈(今淮阳)与沙水相连，再东南注入颍水。颍水在南顿(今项城西)沿隐水至今郾城东南与汝水相通。

鸿沟的另一支在大梁向东开挖，接通丹水(也称汴)、睢水下游入泗。这样，鸿沟运河就沟通了黄河、淮河、济水三大水系，形成黄淮平原上的水道交通网，成为当时宋、郑、陈、蔡、曹、卫各诸侯国水上通道。这条运河，当时不仅对魏国政治、军事、经济的发展起了重要作用，也促进了全国各地经济文化交流。

❸淮河流域最古老的人工运河何时为何人所开挖?

春秋时期，由于军事和经济上的需要，首先在地处中原的淮河流域开挖了我国最早的人工运河。这条河，史书称之为“通沟陈蔡之间”。陈国的国都在今河南省淮阳县，紧临古沙水；蔡国的国都在今河南省上蔡县，位于古汝水东岸。为了沟通陈蔡，徐偃王在沙、汝水之间开挖了这条人工运河。

❹毛泽东主席提到的“葵丘之会”水利盟约是怎么回事？对今日治淮事业有什么重大意义?

春秋时期，诸侯国林立，其都城多建在淮河及其重要支流上。淮河以及汝、颍、沙、睢、丹、泗、沂等长度仅数百公里的支流，在当时都是跨诸侯国的河流。诸侯各国争战不休，各自为了本国的利益和军事上的需要，任意在各自管辖的河流上筑堤打坝，以水代兵，以邻为壑。公元前656年，齐桓公和管仲亲率齐、宋、鲁、陈、郑、曹、许、卫8国军队南下伐楚，在河南郾城县东召陵，与楚国订立了盟约，管仲向楚国提出了“毋曲堤”的四项禁令，在宋、楚边境拆除阻水工程。5年后，齐桓公在宋国的葵丘（今河南民权县），召集鲁、宋、卫、郑、许、曹等国会盟，管仲把“召陵之盟”的四项禁令补充为七项，又提出“毋雍泉”的五项禁令。其内容都是指参加会盟的各诸侯国，不许只顾自己，沿河遍筑堤防，互相挡水，或拦河筑坝，堵塞河道，以邻为壑，以水代兵，损害别国。这就是历史上有名的“葵丘之会”。

齐桓公和管仲在2 600年前提出的解决水利矛盾的主张，至今仍有现实意义。1964年，毛泽东主席在处理豫、皖两省水利纠纷时，仍以“葵丘之会”的故事，教育我们的干部，要正确处理省际水利矛盾。

❺东汉初年，由于黄河南侵，致使汴渠决败。是谁主持治理汴渠，使黄、汴分流？

东汉初年，由于黄河南侵，致使汴渠决败，兖、豫一带水患严重。公元69年，明帝遣王景主持治理汴渠。王景对汴渠的修筑考虑十分周到，他一方面自荥阳至千乘海口修筑了千余里的堤防，以防黄河南决，侵扰汴渠；另一方面对汴渠又商度地势作了开凿疏导。公元70年，全部工程完工。至此，黄、汴分流，既解除了兖、豫二州水患，又便利航运交通，取得了显著效益。

❻曹魏时期实行屯田制，在两淮地区兴修了哪些水利工程？

曹魏时期，开展了大规模的屯田事业，各地十分重视兴办水利，到处修陂塘、通河渠、筑坝堰、开稻田，形成了我国古代史上大办水利的一个高潮。

曹魏政权前期，在临颍、西华境内，屯田都尉枣祗主持开挖了许多河道，通称为"枣祗河"，其主要作用是进行农田灌溉。这一系列灌溉工程的兴建，使许昌地区大面积地种上了水稻，粮食大大增产。为了运送军粮，还修了许多运粮河，以许昌为中心，运粮河四通八达，可以经颍水通淮河，有力地支援了统一全国的战争。

在曹魏政权后期，邓艾兴修的水利工程遍及淮河上、中、下游。在上游，有汝南二十四陂和西华邓门陂，于颍水南北开艾城河，修高底河，在陈州殷水县（今河南商水县）筑灌溉城；在中游，修芍陂和茹陂，并截山溪水建小陂塘50余处；在下游修白水塘，立2堰，开8水门，使白水塘与破釜塘相通，置屯田49所，溉田28万公顷。

邓艾在两淮所兴建和整修的水利工程，既有利于农业灌溉，又上达河汴、下连淮颍，运道畅通，为南取孙吴的战争准备了充分的物质条件。

❼西晋大儒杜预为什么有"废陂塘"之议？它对淮泗水利有什么作用？

西晋初年，徐、兖、豫等州连年大水，使淮河流域灾害严重，"五稼不收，居业并损"。杜预向晋武帝上疏，提出废除兖豫东界陂塘的方案。他在疏中分析这一带产生渍涝的原因：一是降雨太多，二是蓄水太多，三是陂堰质量不高，四是人口增多。蓄水太多，还由于以前水田耕种方法落后，"火耕水耨"需水太多，以及运道不合理等。他指出汉代的旧陂、旧堰、山谷和私家小陂，做得较坚固，应当保留蓄水。质量较差的曹魏以后创立的陂塘及雨水决溢自然形成的苇塘和“马肠陂”等一律废弃排干。杜预的奏疏被批准后,兖、豫二州废掉了不少曹魏以后建立的陂堰,使淮、泗流域的排水条件得到了改善,洪涝灾害得到了不同程度的缓解。

❽隋朝开运河主要有哪两段在淮河流域,有什么重要意义?

隋朝统一中国后,为了把北方政治、军事中心与经济发达的江淮地区紧密联系起来,开始兴办大规模的运河工程。

隋朝开凿的运河共有5段:广济渠、山阳渎、通济渠、永济渠、江南运河。所开运河,北通涿郡(今北京附近),南达余杭(今杭州),成为国家南北经济、文化交流的大动脉。其中,贯穿淮河流域的通济渠和山阳渎,长千余公里,是隋开运河最重要的一段,它北通黄河,南接长江,成为南北水路交通的枢纽。

❾ 扬州五塘是指哪五塘,何时为何人所建?

曹魏时期,广陵太守陈登在扬州城西修建了上雷塘、下雷塘、小新塘、勾城塘、陈公塘等5座陂塘,称“扬州五塘”。此5塘周回45公里,灌田6 700余公顷,为当地百姓带来了很大的灌溉之利,人们为纪念他治水兴利的功德,把所建的各陂塘总称为“陈公塘”或“爱敬陂”。

❿宋代科学家沈括是怎样测量汴渠的?

北宋熙宁五年(公元1072年),科学家沈括受命主持汴渠修浚工程。为测量汴河地势,沈括创造了分层筑堰测量法,即利用分层筑成的梯形堤堰，引水灌注入内，然后测量各级水面，再将各个小平面的高度相加，它的总和就是“地势高下之实”。沈括的这次测量，不仅是平面测量，而且是地形测量，这种地势高下的测量，在当时世界上是空前的。测量所得的数字虽未必十分精确，但已计算到分寸。沈括在这方面取得成就的时间要比西方早几个世纪。

⑪我国最早的单级船闸在什么河道上，为何人创建？

宋太宗雍熙元年(公元984年)，淮南转运使乔维岳在开挖山阳末口至淮阴磨盘口的沙河漕渠的同时，在沙河(又名西河)第三堰创二斗门，这就是我国最早的单级船闸。这座船闸史称西闸，船闸由上下两道闸门和闸室组成，闸室长76.5米左右，闸门可升降。适时启闭闸门，平衡闸室内外水位，以利船只通过，原理与现代船闸相似。闸首和闸室都做了专门可靠的结构物，并建交通桥联系两岸，以加强全闸的管理和维修。

⑫苏北海堤为什么叫范公堤，是何人何时修建？它的作用是什么？

宋仁宗天圣元年(公元1023年)，范仲淹任泰州西溪盐官。他目睹唐代修建的捍海堰年久失修，失去捍海御潮的作用，遂上书江淮制置转运副使张伦，建议重筑防潮大堤，得到张伦的支持。张伦推荐范仲淹任兴化县令，主持筑堤事宜。天圣二年冬兴工，参加筑堤的民工达4万多人，由于施工艰难，中途暂停。天圣五年重新开工，翌年春竣工。海堤起自海陵东新城，越小淘浦(今安丰镇)以南至虎墩(今小海镇)，长70余公里，“版筑坚固，砖甃周密，潮不能侵，自是流移，复业者三千户，人呼为范公堤”。范仲淹主持修筑的苏北海堤工程，其规模不仅较唐代扩大，而且垒块石护坡，工程质量也有所提高，成为滨海之屏障，为宋代苏北沿海农业经济的发展创造了有利条件。

⑬历史上黄河夺淮起于何时何地？它对淮河水系变迁有什么重大影响？

南宋中叶至清末为黄河夺淮时期。金明昌五年（公元 1194 年），黄河在阳武故堤决口，成为黄河夺淮的开端。直至清咸丰五年（公元 1855 年），黄河在兰考铜瓦厢决口，再次掉头北去，改道由山东利津入海。由于黄河近 660 多年的夺淮，使整个淮河流域面貌发生了巨大变化，给沿淮人民带来深重灾难。

首先，在地形、地貌上，废黄河横亘东西，由于它是地上河，形成一个分水岭，将淮河完整水系一分为二，淮河与沂、沭、泗河分开。其次，在河道上，由于淮阴以下河道，河床日益淤高，防御淮河洪水的洪泽湖大堤，不断延长加高，洪泽湖逐步扩大，历史上有名的泗州城就淹没在洪泽湖中。淮河失去了入海通路，遂于 1851 年改由三河进入高宝洼地，经芒稻河、廖家沟于三江营入江。沂、沭、泗河也均没有出路，潴壅成南四湖和骆马湖。泗、沂洪水在骆马湖以下，主要由六塘河经灌河入海。沭河下游在涟水入淮河道断阻，下泄不畅，最后借蔷薇河经海州入海。濉河河道淤积严重，由宿迁小河口入泗改为向南注入洪泽湖。淮河北岸的颍河、西淝河、涡河、北淝河等支流，河床逐渐淤高，断面狭小，入河口普遍淤浅，水流不畅。淮河中游干流自正阳关以下，形成了城西、城东、瓦埠等一连串湖泊洼地。淮河流域古代兴建的水利灌溉工程，也多次受到黄水侵淤，破坏殆尽，致使淮河水系混乱，造成多灾多难的悲惨局面。

⑭在清末和民国时期复淮与导淮的倡导者是谁？复淮与导淮的主要内容是什么？

最先主张“复淮”的是清末苏北山阳绅士丁显，他提出了“黄河北徙应复淮水故道有利无害论”的主张。

光绪七年(公元 1881 年)，江苏总督刘坤一设立“导淮局”，提倡“导淮”。要求清政府拿出淮北盐税收入的 2/10，作为导淮经费，主张开挖张福河、碎石河，引洪湖水由吴城七堡汇顺清河，水小由顺清河入运，水大则由废黄河入海。

光绪三十二年(公元 1906 年)，任江苏省咨议局局长的民族资本家张謇，提出“复淮浚河，标本兼治”的建议，上书两江总督端方。要求重立“导淮局”，先从事测量工作，为复淮规划创造条件。

民国元年(1912 年)，安徽都督柏文蔚提议裁兵导淮，公布了导淮兴垦大纲，并设局测量皖淮各河道，主张淮水由灌河入海。

1913 年，北洋政府在北京成立了导淮局，委任张謇为督办，柏文蔚为会办。尔后张謇发表了《导淮计划宣言书》等，提出淮水三分入江七分入海的主张。

1929 年 7 月 1 日，民国政府正式成立导淮委员会，蒋介石兼任委员长。我国近代著名的水利科学家李仪祉、汪胡桢等制定了《导淮工程计划》。

⑮受到毛泽东主席称赞的近代史上著名实业家张謇，为导淮奔波 20 年的功绩有哪些？

近代史上著名实业家张謇，从清末起，为导淮奔走 20 余年，提出了“复淮浚河，标本兼治”的主张，发表了《导淮计划宣言书》和《江淮水利施工计划书》，在 1913 年主张的基础上，1919 年张謇对江海分疏作了进一步修改和论证，提出了淮水三分入江七分入海的正确主张。他倡导并出资由黄炎培等开办的河海工程专门学校为我国培养了第一批水利及土木工程建设人才；他在淮河中下游测量淮河流域各河道、地形、雨量、水位、流量等，并绘制了大量的图表，为以后各个时期治淮提供了有价值的科学依据。

⑯“蓄清刷黄”和“分黄导淮”分别是何人提出的治水主张，对淮河的局势有怎样的影响？

到了明代，黄河夺淮日久，黄河泥沙随河东下，下游河道逐渐淤积，尾闾不畅。加上黄河经常泛流涡河、颍河入淮，流势渐盛，于是沿淮州县，屡遭淮溢，大水成灾。明万历六年(公元 1578 年)，潘季驯出任总理河道兼提督军务。他到任后，亲赴海口勘察，又沿黄、淮、运各地调查研究，总结前人治河的经验教训，提出了“筑堤障河，束水归槽；筑堰障淮，逼淮注黄。以清刷浊，沙随水去”的“蓄清刷黄”的治水方略，把修筑高家堰作为治淮、治河的首务。经过潘季驯前后 3 年的整治，黄河既筑缕堤、遥堤，水无所分，则以全河夺淮泗。淮以高堰为障，以全淮敌黄，出清口，黄淮合流，出云梯关入海。黄淮安流了五六年，收到了一定的效果。特别是高家堰，实际上就是淮河右岸的堤防，洪泽湖形成后成为洪泽湖大堤。

明万历二十三年(公元 1595 年)，杨一魁继任总理河道，为解除泗州祖陵水患，提出“分黄导淮”的治水主张。开挖桃源黄坝新河，分泄黄水入海。辟清口淤沙 3.5 公里；在高家堰建成武墩闸，泄淮水；建高良涧闸，下射阳湖入海；建周家桥闸，下广洋湖入海；又浚高邮茆塘港，引水入邵伯湖，开金家湾下芒稻河入江。杨一魁“分黄导淮”的工程，一时收到了“泗陵水患平，而淮、扬安矣”的效果。

“蓄清刷黄”和“分黄导淮”的治水主张，为以后清代所沿用，对淮河局势产生了深远的影响。

⑰康熙六次南巡与治淮的关系如何?

康熙皇帝在我国历史上是一位很有才干的皇帝,在他执政的61年间,清王朝不仅在政治上稳定,而且水利上也有很大成就。明末清初,黄河侵淮更加严重,淮河下游苏北是黄、淮、运交汇的地方,治水问题复杂。康熙六次南巡,每次都察看苏北一带河工。他自己钻研水利理论,亲赴现场考察,并对治水官吏奖罚分明。公元1699年,康熙第三次南巡,在苏北见到运河堤修得特别好,让河道总督汇报修筑方法,并重赏修堤官员。公元1707年,他第六次南巡到苏北。为了解决淮河洪水出路问题,河督张鹏翮向皇上提出开挖溜淮套引河工程,康熙亲自冒雨察看河线。因引河选线地势高、工程量大,康熙否定了这项开河工程。不久,又下令对渎职官员分别给予革职降级处分,并指示张鹏翮等河官,"宜时时巡视河堤,不避风雨,以勉尽职守"。

⑱孙中山在建国方略中提出的治淮主张是什么?

中国革命的伟大先行者孙中山,对淮河的治理非常重视,提出了一些具体的规划和设想。1921年在沪期间,亲自向柏文蔚询问导淮方法,讨论导淮问题。对淮河进行大量研究后,他在《建国方略》中提出了"修浚淮河,为中国今日刻不容缓之问题"。在导治方案上,他肯定了江海分疏的原则;在导淮路线上,他赞成通江通海的意见;在淮河入海路线上,他采纳柏文蔚的建议,主张北支达黄河旧槽之后,导入盐河,并开河直入灌河,以取入深海最近的路线入海;南支在扬州入江处,使运河经过扬州城东入江,使淮河水流在镇江以下的新曲线，以同一方向与大江汇流。

⑲淮河流域最早的水文站是何年建立的？当时用什么方法报汛？

淮河流域设立水文测站的历史悠久，清乾隆二十二年（公元1757年），清政府“设淮水报于豫省信阳州之长台关、罗山县之周家渡口，息县之大埠口、乌龙集，固始县之往流集、三河尖等处，插立水志。水长五寸即挨次填单飞报。由正阳关通判逐程转报江南河院察核。”这就是淮河流域最早设立的水文测站，乾隆二十八年（公元1763年），在正阳关也设立了水志。那时通信交通落后，汛情主要靠人工传递，使用的交通工具为快马，称之为快马报汛。

⑳我国第一所水工专门学校为何人所创建，创建的目的是什么？

1915年春，为给导淮培养工程技术人才，由我国近代史上著名实业家张謇积极倡导，并出资筹备，教育家黄炎培、沈恩孚在南京开办了我国近代史上第一所水工专门学校——河海工程专门学校。校长由毕业于美国威司康辛大学的电机科学学士许肇南担任，教导主任由李仪祉担任，教员大都是留美回国人员。学校初办时，每年招生100人左右。按年级高低分为预科、正科、特科、补习班4种；特科2年毕业，正科4年毕业，毕业后分配参加导淮工作。由于该校注重学生德、智、体方面的教育，加上校风严谨朴实，学生学习刻苦认真，所以，造就了一批有献身精神，有真才实学的我国近现代水利事业的骨干力量，如汪胡桢、严恺、黄文熙等著名水利专家。

㉑里运河东堤上五座滚水坝为什么称“归海五坝”，何时兴建？它对里下河地区有哪些影响？

清代运河因淮河洪水和黄河倒灌的影响，经常决堤成灾，里下河地区受害最深。清政府为了保证运河的安全通航，首先要保护里运河堤防，为了使它不受黄水倒灌和洪泽湖、高宝湖下泄的洪水威胁，不惜牺牲里下河地区。在里运河东堤上兴建五座归海坝。其作用是在夏季能把一部分由洪泽湖下泄至高宝湖的洪水，经过归海五坝及里下河各河道入海，故称归海坝。康熙三十九年(公元1700年)，张鹏翮任河道总督，将里运河东堤上的土质滚水坝改为石坝。在改建时，废除子婴沟、永平两坝，堵闭旧南关坝和柏家墩坝。在五里铺坝址建南关新坝，在八里铺坝上建五里中坝，在车逻坝南建新车逻坝，鳅鱼口坝移建到昭关庙，改称昭关坝。到乾隆二十二年(公元1757年)，又添建新坝。这就是历史上所称的“归海五坝”。“归海五坝”的建成和开启使用，给里下河地区的人民带来了深重的灾难，有记载称：“一夜飞符开五坝，朝来屋上已牵船。田舍漂沉已可哀，中流往往见残骸。”为此，里下河地区的人民群众曾与封建统治者进行了多次不屈不挠的斗争。

㉒历史上“归江十坝”是哪十坝，何时何地兴建？

淮水部分南下入江，是从明万历二十四年开始的。以后为了扩大和控制淮水泄量才逐步增建归江坝。清康熙时，靳辅于金湾建三合土减水坝一座(金湾坝)。在运河左堤建凤凰坝，再往下有壁虎坝、湾头坝。清乾隆时建东湾坝、西湾坝，在仙女庙北通扬运河上建土山坝。清道光年间建新河坝、拦江坝，在扬州东沙河口建沙河坝。至此，归江十坝全部建成，并把三合土坝改为草土坝，平时挡水保运，洪水来时扒坝加大泄洪流量，据1921年大水时测量，估算归江十坝排洪能力达 8 400 立方米每秒。

㉓我国古代淮河流域出了哪些著名水利专家？

淮河水利关系我国国家政权的兴衰，在淮河流域出了不少闻名于世的水利专家。早在远古时期，颍水源头嵩山一带活动的部落首领鲧就是一位治水专家。他治水采用“湮塞”的办法而失败。他的儿子禹继承父业，继续治水。采取疏导的办法，经过 10 多年的治理，取得了成功，享有极大的威望和权力，成为夏王朝的开创者。

春秋中叶，淮河岸边的期思（今河南省淮滨县）出了一位水利专家孙叔敖，他先在家乡兴建了农田灌溉工程，为楚庄王发现，拜为令尹，又在寿春（今安徽省寿县），兴建了芍陂大型灌溉工程，促进了寿春一带农业的发展，为以后楚考烈王迁都寿春打下了基础。

东汉初年，汝南平舆（今河南省平舆县）人许杨，为东汉水利专家，他于建武十八年（公元 42 年）被汝南太守邓晨任为都水椽，负责修复淮河干流以下、汝河以南的正阳和息县之间的鸿隙陂。“起塘四百里”，灌田数千顷，收到“汝土以殷，鱼稻之饶，流衍它郡”的效果。

东汉末年，下邳（今江苏省睢宁县西北）人陈登，曾任徐州典农校尉和广陵太守，十余年间在扬州、淮安一带“尽灌溉之利”，是当时著名的水利专家。后世流传说他筑高家堰，又名捍淮堰，障淮漫溢，堰长 15 公里，为洪泽湖大堤的嚆矢。又说他在今扬州修浚上雷、下雷、小新、勾城、陈公等五塘。

北宋陈州南顿（今河南省项城县）人乔维岳，曾任淮南转运使，为宋代著名水利专家。他于雍熙元年（公元 984 年）主持开蓄了自楚州山阳末口至淮阴磨盘口入淮的沙河，长 20 公里，避开了山阳湾水流迅急给行船带来的困难。于此同时，他在沙河（又名西河）

第三堰创二斗门，是我国最早的单级船闸，早于西方 400 年。

明代早期，今山东省汶上县人白英，少年随父在济州行船，深知这一带地势水情。后充当地方河防工段上的夫役头目，被视为"老人"，是我国著名的民间水利专家。他提出南旺分水的治运方案，为运河的开通建立了不朽的功绩。他死后，后人在南旺镇建有白英庙，供人祭拜。从此，白英的英名和事迹广为流传。

清代中叶，河南省罗山县出了一位水利专家黎世序。他曾任南河河道总督，对治理黄河、淮河多有建树。在治水经验基础上，编著有《东河河渠提要》和《续行水金鉴》等水利著作传世。死后葬于罗山县，至今墓道犹存。

㉔元、明、清京杭大运河共分几段，沟通了哪五大水系？

元代建都大都(北京)，政治中心在北方，南粮北运，沿隋、唐、宋运河路线要绕一个大弯子，很不方便。因此，先后开挖了会通河、济州河、通惠河，最后形成了北起北京，南至杭州，纵贯南北的京杭运河，到明、清两代，又相继开挖了南阳新河、泇河和中运河，形成了今天的运河路线。运河全程共分 7 段：从北京到今通县为通惠河，从通县到天津为北运河，从天津到临清为南运河，从临清到台儿庄为鲁运河，从台儿庄到淮阴为中运河，从淮阴到长江北岸为里运河，从镇江到杭州为江南运河。

京杭大运河沟通了海河、黄河、淮河、长江、钱塘江五大水系。

㉕民国时期治水专家武同举写了哪些淮河水利著作？

武同举(号霞峰)，生于公元 1871 年，江苏省灌云县南城镇人，清末举人，死于 1944 年秋初，享年 73 岁。民国以后，面对苏北连年发生水灾，他选择了研究淮河水利史这一课题，成为民国时期自学成才的水利专家。他撰写了不少反映淮河水利方面的论文和专著，主要代表作有《淮系年表》、《江苏水利全书》和《安徽通志水系·水工稿》。

㉖抗日战争时期，新四军及苏皖边区政府在淮河上兴修了哪些较大的水利工程？

抗日战争时期，新四军和苏皖边区政府领导人民，一边与敌人打仗，一边进行生产建设和水利建设，在淮河流域兴建了许多水利工程。促进了解放区的农业生产，改善了人民生活。主要有：筑堤防洪工程、治理苏北运河工程、修筑海堤工程和兴修农田水利工程。

在堤防工程中，规模最大、工程最艰巨的是 1943 年春修筑的洪泽湖大堤；1943 年秋修筑的蚌埠至五河的淮北大堤；1943 年 8 月，彭雪枫率领的新四军修筑的雪枫大堤；1944 年，淮宝县人民在人字头河与大汕头河合流处修筑的拦河大堤，名为人字头大堤。

抗战期间，运河堤防、涵闸受到日本侵略军的破坏。1946 年春，苏皖边区政府拟定在苏北全区整修运河的计划，将 300 多公里长的运河分为南、中、北三段分别施工。这次整修苏北运河，共修复残缺堤岸 247 处，修筑埽工护岸工程 21 处，整修闸坝 7 座。

苏北解放区东临黄海。为保卫滨海地区人民的生命财产安全，抗御海潮的侵袭，1941 年，阜宁县抗日民主政府组织民工修筑海堤，此后每年都组织民工对海堤进行整修加固。1949 年，又对从斗龙港至废黄河口 160 多公里的海堤进行整修加固。

另外，苏北解放区抗日民主政府还采用以工代赈的办法兴修了许多除涝灌溉工程。

㉗我国最早的拦河大坝浮山堰在何时何地兴建？

淮河上第一个拦河大坝浮山堰，是于南北朝时梁武帝天监十三年（公元514年）开始兴建，历时3年，于天监十五年（公元516年）四月建成。它位于淮河中游，南起浮山（现属安徽省嘉山县），北至巉石山（属江苏省泗洪县，今名潼河山），堰长九里，下宽一百四十丈（约合336米），上广四十五丈（约合108米），高二十丈（约合48米）。堰成时水深已为十九丈五尺（约46.8米），堰顶高出水面仅五尺（1.2米）。这个大坝工程，当时在全世界是绝无仅有的。国外的土石坝，迟至12世纪才突破30米高程，比浮山堰晚了600多年，在世界坝工建筑史中占有领先的地位。

可是，这个拦河大坝的兴建，不是造福人民而是成为“以水代兵”的战争工具，给沿淮的老百姓造成巨大的灾难。它的兴建缘由，是由南梁武帝萧衍为了用水进攻北魏驻在寿阳（今安徽省寿县）的重兵，采纳北魏降将王足的建议，征调军工20万人，命太子右卫康绚督工建造。工程进展到第二年，大堰将合，淮水漂疾，复决溃。于是相继抛下数千斤铁器，又伐树做成木笼，填上大石块，上面加土。“缘淮百里内，冈陵木无巨细必尽”。军工因夏天疾疫，冬天寒冷，死了十之七八，付出了沉痛的代价。大坝建成后，回水向上游两岸淹了几百里，驻在寿阳的魏军退至八公山，城内居民也移向高处。但不久，当年八九月间，淮水暴涨，浮山堰溃决，水声若雷，闻三百里，“漂其缘淮域戍民村落十余万口，流入于海，”酿成了惨绝人寰的大祸。在今泗洪县潼河山下，尚留有一处人工土体，长240米，顶宽60米，顶高程20.7米的铁锁岭，与其对岸嘉山县浮山南侧，小街垭口也有一个人工土体，当地人叫“土龙”。这两处隔河相对的土体，其高程相仿，轴线相应，为古浮山堰的遗存。

㉘王安石变法时期在两淮兴修了哪些农田水利工程？

王安石是我国古代著名的政治改革家。他于宋神宗熙宁二年(公元1069年)二月,出任参知政事开始变法。当年十一月,就制定农田水利法,名为《农田利害条约》,由于农田水利法的贯彻,全国出现了"四方争言农田水利,古堰陂塘,悉务兴复"的局面。据《宋史·食货志》记载,从熙宁三年至九年,"府界及诸路凡一万七百九十三处,为田三十六万一千一百七十八顷有奇"。

在推行新法而兴起的水利高潮中,淮河流域水利建设也取得重大成就。在中国封建社会中,这是继曹魏屯田之后,在淮河流域范围较广,收效较大的一次水利建设。

熙宁四年(公元1071年)的冬季前,在京东路内,修复了济州(今山东省巨野县)的南李堰,濮州(今山东省鄄城县)的马陵泊等工程,排除了长期以来的积水,得到约四千二百多顷良田,当年夏秋两季,就收获了二百多石小麦和豆子,熙宁八年(公元1075年),"于陈留界旧汴河下口,因新旧二堤之间筑水塘,用碎甓筑虚堤五步,以取汴河清水入塘灌溉"。熙宁九年(公元1076年),"对扬州江都县古盐河,高邮县陈公塘等湖,天长县白马塘、沛塘,楚州宝应县泥港、射马港,山阳县渡塘沟、龙兴浦,淮阴县青州涧,宿州虹县万安湖、小河,寿州安丰县芍陂等"都加以兴置,使"千万余顷"农田获灌溉之利。在其他一些地方也修建了许多水利工程,有的兴建了水渠,引水灌溉,有的是建造水柜等,蓄水兴利灌溉。据《宋会要稿·食货》记载,仅在淮南东、西两路就修建水利工程2 300处,仅次于两浙路。

于此同时,蒋之奇在任淮东转运副使时,还用以工代赈的办法,在扬州府天长县修建了三十六陂,在宿州临涣县修建了横斜三沟等工程,用工百万,"灌田九千顷,活民八万四千"。侯叔献和沈括等人在主持治汴工程中,还做了大量引汴和引黄淤灌、治碱改土等工程,使一些不毛之地,变为肥沃良田。

㉙国民党政府导淮委员会何时何地成立,内设什么机构?

1929年7月1日,国民政府导淮委员会正式成立。设正、副委员长各1人,委员23人。蒋介石兼任委员长,黄郛为副委员长。委员会下设财务、总务、工务等3个处,另设置总工程师办公室,以便接洽工作。

㉚1950年,政务院在治淮决定中提出的治淮方针是什么?现在有什么新的发展?

1950年10月14日,中央人民政府政务院颁布的《关于治理淮河的决定》中规定:"关于治理淮河的方针,应蓄泄兼筹,以达根治之目的。"也就是说,在淮河的上游应筹建水库,普遍推行水土保持,以拦蓄洪水发展水利为长远目标,目前则应一方面尽量利用山谷及洼地拦蓄洪水;一方面在照顾中、下游的原则下,进行适当的防洪与疏浚。中游蓄泄并重,按照最大洪水来量,一方面利用湖沼洼地,拦蓄干支流洪水;一方面整理河槽,承泄拦蓄以外的全部洪水。下游开辟入海水道,以利宣泄;同时巩固运河堤防,以策安全。洪泽湖仍作为中、下游调节水量之用。

近50年的治淮实践证明这个方针是完全正确的。1991年国务院颁布的《关于进一步治理淮河和太湖的决定》中,总结了40多年贯彻这一治淮方针的经验,进一步指出:"要坚持'蓄泄兼筹'的治理方针,近期以泄为主。"这是新形势下对治淮方针的正确运用和发展。

31 新中国的治淮规划经历了几个发展阶段？现在进展如何？

新中国的治淮规划工作大体经历了四个发展阶段。

第一阶段是 1951 年提出《关于治淮方略的初步报告》。这次规划是根据毛主席“关于根治淮河”的指示和政务院《关于治理淮河的决定》而制定的。

第二阶段是 1956 年的淮河流域规划。1953 年旱灾和 1954 年特大洪水以后，根据出现的新情况，进行了一次全面的流域规划，这次规划从 1954 年冬组织力量收集资料，到 1956 年 5 月完成。同时，在 1957 年还制定了沂沭泗流域规划。

第三阶段是 1971 年的淮河治理规划。1958 年原治淮委员会撤销以后，治淮工作受到很大影响。1969 年国务院成立治淮规划领导小组，1972 年 2 月，由治淮规划领导小组提出一份《关于贯彻执行毛主席“一定要把淮河修好”指示的情况报告》和附件《治淮战略性骨干工程说明》。

第四阶段是 1981 年至 1994 年的淮河流域综合规划纲要。1980 年 12 月，水利部召开治淮工作会议，重点讨论规划和管理问题，并成立了治淮规划协调领导小组，于 1984 年完成了《淮河流域修订规划第一步规划报告》，1985 年完成综合性的《治淮规划建议》初稿，1990 年完成《淮河流域修订规划报告》初稿，1994 年，正式向国务院呈报了《淮河流域综合规划纲要》。

32 淮河为什么会成为新中国第一条全面治理的大河？

淮河之所以会成为新中国第一条全面治理的大河，是由其在我国政治、经济上的重要战略地位和特定环境决定的。

从政治上讲，淮河流域的安危直接影响国家政权的稳定。淮河流域历来水旱灾害频繁，天灾人祸造成多起农民起义，所以淮河流域历史上称王称帝者多，如沛县的刘邦，宿迁的项羽，凤阳的朱元璋，这些都是农民起义的领袖。新生的人民政府为了稳固自己的政权，给人民谋福利，所以就从淮河流域这一灾害最频繁、人民生活最贫困的地方开始治理水患。

从经济上讲，淮河流域资源丰富，气候适宜，是全国粮、棉、油生产基地，历史上素有“江淮熟，天下足”之说。这一地区经济状况如何，对新中国成立初期人民生活的安定乃至全国的综合国力状况，有着重要的作用，而这一切，又与水利建设状况关系密切。所以，新中国成立初期党中央把治理淮河作为恢复战争创伤，重建幸福家园的起步。

从特定环境讲，最直接的原因是1949年、1950年淮河流域连续发生了严重水灾。1949年，淮河、沂河和沭河的中下游发生水灾，仅淮河中下游受灾面积就达171.92万公顷。1950年淮河大水，全流域受灾面积达313.2万公顷。在连续严重的灾情面前，党中央、政务院在大力组织抗洪救灾的同时，决定全面治理淮河。毛主席作出“根治淮河”的指示，并发出“一定要把淮河修好”的伟大号召，政务院及时召开治淮会议，并作出《关于治理淮河的决定》。这一切，使淮河成为我国第一条进行全面治理的大河。

㉝新中国成立后淮河流域兴建的第一座大型水库是什么，建于何年，复建于何年，主要工程效益如何？

位于河南省舞钢市境内洪河支流滚河上游的石漫滩水库，是新中国成立后，在淮河流域兴建的第一座水库。1951年4月开工兴建，年底竣工。以后经过两次扩建，总库容达9 180万立方米，按大型水库管理。1975年8月，洪汝河、沙颍河流域发生历史罕见的暴雨洪水，水库大坝因洪水漫顶而溃决。水库失事后，滚河上游洪水失去控制，下游河道狭窄，排洪不畅，致使洪河流域发生一次特大的洪涝灾害。

1991 年大水后，国务院治淮治太会议决定，复建石漫滩水库，列入"八五"治淮重点工程。复建工程于 1993 年 9 月 15 日开工，1998 年元月竣工。工程总投资 2.56 亿元。

石漫滩水库在原坝址复建，坝轴线选在原坝线上游 90 米处。坝型为混凝土重力坝，按百年一遇洪水设计，千年一遇洪水校核。复建后的石漫滩水库库容为 1.2 亿立方米，是防洪、除涝、工业供水和灌溉的综合利用工程，对这一地区的经济发展起到积极的推动作用。一是为工业（含城镇生活用水）提供可靠的水源，每年可向舞阳钢铁公司提供工业用水 2 600 万立方米，为安阳钢铁公司舞阳铁矿选矿厂提供矿山用水 400 万立方米，为地方工业企业提供用水 300 万立方米。二是为 0.36 万公顷农业灌溉提供水源。三是通过水库 5 180 万立方米的防洪库容调蓄，对削减洪峰、减轻下游滞洪区负担、保证京广铁路安全、提高下游河道防洪除涝能力发挥重要作用。四是可促进水产养殖和旅游事业的开发。同时，石漫滩水库的建成，对改善舞钢市的自然环境，推进这一地区经济腾飞将发挥积极的作用。

㉞我国自行设计、建设的第一座钢筋混凝土连拱坝水库是哪一座，谁主持设计，建于何时何地，效益如何？

佛子岭水库是我国自行设计、建设的第一座钢筋混凝土连拱坝水库。该水库 1952 年 1 月开工，1954 年 11 月竣工。水库坐落在安徽省霍山县城南 17 公里的淠河东源上游，集水面积 1 840 平方公里。水库按 100 年一遇设计，200 年一遇校核。水库枢纽由大坝、溢洪道、输水钢管和电厂组成。大坝坝型为国内首创的钢筋混凝土连拱坝，最大坝高74.8米，坝长510米。水库发电厂安装了我国首次设计制造的水轮发电机，电厂年发电能力9 350千瓦时。水库总库容4.96亿立方米，具有防洪、灌溉、发电、航运、养鱼等综合效益。

佛子岭水库由我国著名的水利专家，当时任治淮委员会工程部部长、佛子岭水库建设指挥部指挥的汪胡桢同志主持设计，因而人们把汪胡桢称为“连拱坝之父”。

35 淮河流域现在确定有哪些蓄(滞)洪区和行洪区，共有多少面积，总库容多少?

淮河流域现在共确定有10个蓄(滞)洪区和18处行洪区。蓄滞洪区有蒙洼、城西湖、城东湖、瓦埠河、老汪湖、泥河洼、杨庄、老王坡、蛟停湖、黄墩湖等10个，总面积2 669.5平方公里，总库容99.64亿立方米。行洪区有南润段、邱家湖、唐垛湖、姜家湖、寿西湖、董峰湖、上六坊堤、下六坊堤、石姚段、汤渔湖、洛河洼、荆山湖、方邱湖、临北段、花园湖、香浮段、潘村洼、鲍集圩等18处，总面积1 281.8平方公里。

36 1951年，中央治淮视察团到治淮工地赠送锦旗，毛主席在锦旗上的题词是什么?

1951年5月3日至6月初，由邵力子代团长率领的中央治淮视察团一行32人到蚌埠、皖北、开封、扬州等地视察了濉河、白沙、石漫滩、板桥水库以及苏北运河等工地。视察团向参加治淮的民工、工人、技术人员和干部表示亲切慰问，将毛泽东主席亲笔题字

“一定要把淮河修好”的4面锦旗，分别授予淮委及豫、皖、苏三省治淮机构，并发表《告淮河流域同胞书》。

㊲新中国成立后，淮河流域先后加固和兴修了哪些主要堤防，共多少公里？

1950年汛后至1954年，受尽洪水灾害之苦的沿淮人民，掀起声势浩大的治淮高潮，培修了自正阳关至五河的淮左干堤以及与之相连接的颍河左堤、涡河左堤、涡河右堤，并兴建涵闸，封闭了以上堤防的所有河沟口。随着五河以下干支流分流工程的建成，1954年汛前，又将涡河口以下的淮左干堤，向下延伸至泗洪县下草湾与岗地封闭。至此，完整的淮北大堤堤圈就形成了。

1954年大水之后，对正阳关以下的淮河干流左堤又进行了全面的加高培厚，并增筑了西淝河左堤，将涡西堤圈分格为颍淝和淝涡两个堤圈。同时，还培修加固了与淮河左堤相连成圈的颍河左堤和涡河左、右堤。到1957年汛前，建成了具有现代规模的淮北大堤和与之相连接的堤圈。淮北大堤上起饶台子，下至泗洪县下草湾的岗地，全长238公里。淮北大堤堤圈包括颍河左堤、西淝河左堤、涡河左右堤，全长403公里。淮北大堤保护淮北67万多公顷农田和津浦铁路的安全。

新中国成立50年来，淮河流域除建成淮北大堤之外，还加高加固或新建了洪泽湖大堤、入江水道大堤、里运河大堤、重要的城市工矿圈堤以及支流堤防等。目前，淮河流域堤防总长度已达15 000多公里，已形成了较为完整的防洪屏障。彻底改变了“大雨大灾、小雨小灾”的状况，为工农业生产持续稳定发展和人民安居乐业提供了基本保证。

㊳淮河流域现在共有大、中、小型水库多少座，总库容多少，库容最大的是哪一座？

新中国成立以来，淮河流域人民用近 50 年时间，共兴建大、中、小型水库 5 300 座，总库容为 267.8 亿立方米，其中大型水库 36 座，总库容 250 亿立方米；中型水库 148 座，总库容 44.1 亿立方米。这些水库在防洪、灌溉、发电、航运等方面都发挥了巨大作用。

响洪甸水库是淮河流域最大的水库，1956 年 4 月开工，1958 年 7 月竣工，总库容 26.31 亿立方米。水库位于淠河西源上游的安徽省金寨县内，集水面积 1 400 平方公里，按 1 000 年一遇设计，10 000年一遇校核，是以防洪、灌溉为主，结合发电，并发展生产、航运等综合利用的多年调节水库。

㊴新中国在提高淮河防洪标准上主要做了哪些方面的工作？其工程效益和经济效益如何？

为了提高淮河的防洪标准，新中国成立以来，淮河流域共修建大中小型水库 5 300 余座，总库容 267.8 亿立方米；中游利用湖泊洼地修建行、蓄(滞)洪区 30 处，共滞蓄洪水 280 亿立方米；建大中型水闸 560 余座，小型水闸 3 800 余座；兴修和加固堤防 1.5 万公里；同时，通过疏浚河道和开挖新河，增加排洪能力，从而形成了较为完整的防洪体系。

淮河防洪体系已发挥了巨大的工程效益。目前，淮河中游的排洪能力已由 5 000～7 000 立方米每秒扩大到 10 000～13 000 立方米每秒；下游入江水道的排洪能力由 8 000 立方米每秒扩大到 16 000 立方米每秒；沂沭泗河尾间的排洪能力由 1 000 立方米每秒扩大到 11 000 立方米每秒。抗御洪水的标准，淮河中游可达 40

~50年一遇；淮河下游可达50年一遇；沂沭泗水系中下游地区及淮河各主要支流，已达10~20年一遇。

淮河防洪体系在战胜历年洪水中发挥了显著作用，为减轻洪灾对人民生命财产造成的损失作出了应有的贡献。

㊵何谓南四湖上的“二级坝”，建于何时何地，规模效益如何？

在鲁西南地区，有一个由南阳湖、独山湖、昭阳湖和微山湖四湖相连组成的南四湖。在南四湖中，有一条大坝腰截昭阳湖，把整个南四湖分为上级湖和下级湖，这就是南四湖上的二级坝。二级坝工程于1958年10月动工兴建，1967年、1971年、1973年和1986年又相继完成续建、改建工程。二级坝东起微山县的常口，西至沛县的大屯发电厂，全长7.3公里，坝高38.5米，共有312孔，由拦湖大坝、滚水坝、船闸和红旗一、二、三、四闸及发电站组成。

二级坝是鲁南地区最大的防洪排涝、蓄水灌溉、航运交通的枢纽工程。二级坝与湖区的堤防和引水工程互相配合，大大提高了南四湖的防洪能力。上级湖可蓄水9.24亿立方米，四个节制闸最大泄洪量分别为6 600立方米每秒、3 300立方米每秒、2 480立方米每秒和4 490立方米每秒。遇到干旱，湖中的蓄水可引来灌溉。二级坝上的公路大桥是鲁、苏、豫、皖的重要交通咽喉，日车流量达5 000辆次以上，船闸年通行量达20余万船次、150多万吨位。

㊶淮河流域最大的灌区是哪一个，建于何时何地，综合效益如何？

位于安徽省六安地区的大别山区的淠史杭灌区是淮河流域最

大的灌区,1958 年 8 月开工兴建,1972 年基本建成。淠史杭灌区沟通淠河、史河、杭埠河 3 条自然河流水系,横贯江淮分水岭,占地 13 130 平方公里。灌区引大别山佛子岭、梅山、响洪甸、磨子潭、龙河口五大水库及区间来水,灌溉皖、豫两省 12 县(市)73 万公顷农田,是我国面积最大的灌区之一。灌区内还兴建了中型水库 22 座、小型水库 1 164 座、塘坝 21 万多个、提水补给站 39 座,形成了我国水利建设史上最伟大的"长藤结瓜"工程。灌区内大小渠道长 2 万多公里,大小建筑物 2 万多座,小水电装机 1.27 万千瓦。

宏伟的工程,带来了巨大的效益。灌区运行 40 年来,累计为农业供水 1 065 亿立方米,灌溉面积 1 753 万公顷,仅水利因素增长粮食 270 多亿吨;同时,亦有水力发电、城市供水、水产、航运及优化生态之利。淠史杭灌区为安徽中、西部地区社会经济的发展和人民群众生活水平的提高,提供了水利基础保障。

㊷我国南水北调东线引江龙头工程——江都水利枢纽建于何时何地,规模如何,效益如何?

江都抽水站是江水北调多级提水站中的第一级抽水站,是江苏省苏北地区引江济淮的龙头。从 1961 年江都一站在江苏省江都县(今江都市)的江都镇破土动工,到 1977 年江都四站竣工投产,历经 17 年。这个引江枢纽工程包括 4 座大型电力排灌站,共装机 33 台套,总装机容量 4.98 万千瓦,设计抽水流量为 400 立方米每秒,实际最大抽水流量已达 473 立方米每秒,连同配套运用的 7 座节制闸、3 座船闸、输水河道及农田水利配套工程在内,国家共投资 2.7 亿元,地方投入和群众的劳务折资积累共 7.1 亿元。这是苏北治淮工程中的一项巨大工程,它极大地造福于苏北人民。当苏北干旱缺水时,它牵引浩浩江流北上,借道京杭运河等河流送到里下河地区，灌溉万亩良田，还可使淮河和洪泽湖的水调往淮北地区。受涝的时候，又可以把里下河地区的涝水抽排入长江，大大减轻了这个地区的涝害。

㊸1950 年，毛泽东主席对淮河治理先后作过几次批示？每次批示的内容是什么？

1950 年 7 月 20 日～9 月 21 日，毛泽东主席对淮河治理先后作了 4 次批示。

7 月 20 日，在审阅华东军政委员会关于 1950 年淮河大水受灾情况的电报后，第一次批示："除目前防救外，须考虑根治办法，现在开始准备，秋起即组织大规模导淮工程，期以一年完成导淮，免去明年水患。请邀集有关人员讨论：(一)目前防救，(二)根本导淮问题。"

8 月 5 日，第二次批示："请令水利部限日作出导淮计划，送我一阅。此计划 8 月份务必作好，由政务院通过，秋初即开始动工。"

8 月 31 日，在审阅华东军政委员会转报中共苏北区党委对治淮意见的报告后，第三次批示："导淮必苏、皖、豫三省同时动手，三省党委的工作计划，均须以此为中心，并早日告诉他们。"

9 月 21 日，第四次批示："现已 9 月底，治淮开工期不宜久延，请督促早日勘测，早日做好计划，早日开工。"

㊹国家对淮河遇到特大洪水的防汛调度方案的内容是什么？

1985 年 6 月 25 日，国务院批转的水电部"关于黄河、长江、淮河、永定河防御特大洪水方案的报告"中，淮河防御特大洪水方案的主要内容是:当淮河重现1954年洪水时,必须运用沿淮行洪、滞洪区;如遇超标准洪水,还必须采取紧急措施,以保重点地区安全。

(1)如果淮河重现1954年洪水时,要求沿淮行洪、滞洪区相继运用。

(2)当淮河干流出现百年一遇洪水时,运用了上述有关行洪、滞洪措施后,正阳关等地水位仍将上涨。为了确保重点堤段安全,要依次放弃临王段、正南淮堤、颍右圈堤和黄苏段。正阳关水位仍将超过27.5米,蚌埠水位将达到23米左右。要求加高加固堤防,加强防守,以保证淮南市和蚌埠市圈堤,保证颍河左岸堤防和颍河口以下淮北大堤的安全。弃守上述各段堤防,须经国务院批准。

(3)当淮河干流出现300年一遇洪水时,在上述行洪、滞洪区相继运用,并弃守临王段、正南淮堤、颍右圈堤及黄苏段后,正阳关、蚌埠水位仍将上涨。为了确保重点堤段安全,必要时弃守颍左圈堤,退守西淝河左堤以及西淝河口以下淮北大堤。正阳关水位将达到28.5米,蚌埠水位将达到23.6米。要求加高加固堤防,加强防守,以保证淮南市和蚌埠市圈堤,保证西淝河左堤及其以下淮北大堤的安全。弃守上述各段堤防,须经国务院批准。

(4)当洪泽湖以上淮河干流发生特大洪水,三河闸、二河闸全部敞泄,而洪泽湖水位上涨到17米,仍有上涨趋势时,应开放灌溉总渠北侧、废黄河南侧的夹道地区泄洪入海,以保证洪泽湖大堤安全。开放灌溉总渠北侧地区泄洪,须经国务院批准。

45 淮河的防汛调度决策支持系统建设取得哪些成就?

淮河的防汛调度决策支持系统经过多年的建设,现已初具规模,先后建设了淮河防汛通信系统,水文、气象测报系统,防汛调度决策支持系统。防汛通信系统,包括淮河微波通信、沂沭泗水系一点多址通信系统、淮干移动通信和行蓄洪区应急反馈系统、卫星通信。水文、气象测报系统,包括实时水情信息传输系统、淮河正阳关以上水文自动测报系统、水情译电和洪水预报系统、数字云图自动接收和数字天气雷达终端系统。防汛调度决策支持系统,包括防汛计算机局域网、防汛信息大屏幕显示系统、淮河上中游防汛调度决策与支持系统、汛情监视系统、淮委—沂沭泗水利管理局防汛异地会商电视系统和淮委—王家坝远程图像监控系统。这些系统建成后,改善了淮河防汛通信条件,保障了重点防洪地区防洪信息畅通,初步实现了防汛信息采集、传输、处理、存贮自动化,实现了汛情的实时监视和防汛信息的共享,缩短了防洪调度决策时间,进一步提高了防洪调度决策的科学性,这些系统在近年的防汛工作中发挥了积极的作用,获得了较好的防洪减灾效益。

㊻1991 年,国务院作出《关于进一步治理淮河和太湖的决定》中,对淮河的治理提出哪些要求?1991～2000 年淮河的治理要完成哪些主要工程项目?

1991 年国务院作出《关于进一步治理淮河和太湖的决定》中要求,进一步治理淮河和太湖,必须从全局出发,提高认识,统一行动,加强领导,采取切实有效的措施。

①提高认识;②统一治理;③增加投入;④加强城镇及工业、交通等设施的防洪建设;⑤加强淮河行洪、蓄洪区治理;⑥加强流域机构统一管理的职能;⑦加强领导。淮河流域和太湖流域各级政府和全体人民要进一步发扬自力更生、艰苦奋斗、顾全大局、团结协作的精神,不失时机地掀起一个既有声势、又扎扎实实的水利建设高潮,认真完成进一步治理淮河和太湖的各项建设任务。用 10 年的时间,基本完成以下工程建设任务:

(1)加强山丘区水利建设,进行小流域综合治理,搞好水土保持,完成病险水库除险加固,修建板桥、石漫滩等重点水库。

(2)扩大和整治淮河上中游干流的泄洪通道。"八五"期间,铲除经常行洪的行洪区堤防,退建蒙洼、城西湖等行、蓄洪区堤防并迁移堤内人口,加固淮北大堤等重要堤防及蚌埠、淮南等城市圈堤,加强行、蓄洪区建设,兴建怀洪新河。"九五"期间研究建设临淮岗控制工程。以上工程完成后,淮北大堤达到百年一遇的防洪标准。

(3)巩固和扩大淮河下游排洪出路。"八五"期间,疏通和加固入江水道,行洪能力达到 12 000 立方米每秒;续建分淮入沂工程,行洪能力达到 3 000 立方米每秒;加固洪泽湖大堤。"九五"期间建设入海水道,使洪泽湖大堤达到百年一遇的防洪标准。

(4)续建沂沭泗河洪水东调南下工程。"八五"期间达到 20 年一遇的防洪标准。"九五"期间达到 50 年一遇的防洪标准。

(5)治理包浍河、奎濉河、汾泉河、洪汝河、涡河、沙颍河等跨省骨干支流河道,并进行湖洼易涝地区配套工程建设,提高防洪除涝标准。

㊼王家坝的位置在哪里?它在淮河防汛上具有什么重要作用?

王家坝位于安徽省阜南县的淮河干流上,是安徽省蒙洼蓄洪区的一个节制闸,处于安徽和河南两省的交界处。一旦淮河发生较大洪水,当王家坝水位达到 28.30~28.66 米时才能开闸行洪。王家坝进洪闸的启与闭,不仅牵动着豫皖两省人民的心,也是各级人民政府对淮河防汛情况关注的焦点。因此,人们把王家坝的水情和汛情视为整个淮河流域防汛情况的神经中枢。

㊽城西湖的位置在哪里？为什么说它的运用是淮河防汛中的一张“王牌”？

城西湖位于安徽省霍邱县的淮河干流上，是淮河上最大的一个蓄洪区，蓄洪库容为 29.5 亿立方米。区内有 4 万公顷耕地，居住着近 15 万人口，因此，一般不轻易启用。只有当上游的润河集水位超过 27.1 米或者正阳关水位达 26.5 米，淮北大堤险情紧张时，才能开启城西湖闸蓄洪。自 50 年代建成以来，城西湖蓄洪区只有 1954 年、1968 年和 1991 年 3 个年份运用过。城西湖蓄洪区的启用，对蓄洪区内人民会造成巨大损失，但在必须启用时，它对保护淮北大堤和淮河中下游数千万人民生命财产的安全，对保证京沪铁路的畅通及淮河防汛的大局，将发挥重大作用。因此，人们把城西湖称为淮河防汛中的一张“王牌”。

㊾规划中的临淮岗洪水控制工程在什么地方？兴建此工程对提高淮河防洪标准有何意义？

临淮岗工程位于安徽省霍邱县临淮岗，工程控制面积为 42 160平方公里。该工程 1958 年曾作为综合利用水库兴建，1962 年停建。1971 年规划时，考虑到平原地区人口稠密，为减少对上游地区的影响，将临淮岗工程开发目标确定为特大洪水控制工程。其主要任务是：在淮河中游发生超 1954 年洪水时，调蓄淮干上中游洪水，将正阳关以下中游防洪标准提高至百年一遇。工程按百年一遇设计，千年一遇校核。设计洪水位 28.5 米，相应库容 88 亿立方米，校核水位 29.5 米，相应库容 126 亿立方米。

临淮岗是大洪水控制工程，其运用条件是：当淮干上中游来水经正阳关以上湖泊洼地调蓄后仍超过正阳关以下河道泄洪能力时启用。控制正阳关水位不超过 26.5 米，流量不超过 10 000 立方米每秒,将超额洪水拦蓄在库内。洪峰过后,首先让正阳关以下河道尽可能按设计流量下泄,使临淮岗坝上水位逐渐降落,当闸上下水位相平时,闸门全部开启,恢复河道行洪状况。

㊿何谓沂沭泗洪水"东调南下"工程?近期工程的建设目标是什么?

发源于山东省沂蒙山区的沂河、沭河、泗河原属淮河水系,南宋前泗河是淮河下游最大支流,沂水和沭水入泗、入淮。公元1194年,黄河夺泗夺淮后,河床淤高,沂、沭、泗水入黄受阻,泗水及沂水逐渐潴壅成南四湖及骆马湖。加之开辟运河的影响,泗水入运;沂水经六塘河由灌河入海;沭河经蔷薇河由临洪口入海。公元1855年,黄河夺大清河入海,留下今日的废黄河成为沂沭泗水系与淮河水系的分水岭。由于沂、沭、泗下游原有水系全部破坏,排水不畅,洪水出路很小,每到汛期,洪水漫溢,灾害严重。

新中国成立后兴建了大量水利工程,大大减少了这一地区的灾害损失。为进一步提高这个地区的防洪标准,1971年原水电部编制了沂沭泗河中下游的防洪规划。规划的总体部署是:扩大沂、沭河洪水入海和南四湖洪水南下出路,使沂沭河洪水尽量由新沭河就近东调入海,腾出骆马湖、新沂河,接纳南四湖洪水,简称"东调南下"工程。具体措施是:扩大现有分沂入沭河道和新沭河,使其排洪能力分别达到4 000立方米每秒和6 000立方米每秒;兴建刘家道口、彭家道133万公顷农田、1 500万人口及重要城镇得到安全保障。

1971年11月东调南下工程开工,1980年停工缓建。近期工程自1991年冬复工以来,工程已逐步实施。1993年后,东调南下韩庄运河、中运河及分沂入沭等多年未果的关键性工程得以突破,带动了沂沭泗治理的全面展开，工程建设呈现整体推进、逐步发挥效益的良好态势。近期工程完成后，防洪标准可提高到20年一遇，省界以上韩庄运河排洪流量可达4 400立方米每秒，省界以下中运河排洪流量4 600立方米每秒，河道达三级通航标准，并为将来东线南水北调工程奠定必要的基础。

51 淮河的入江水道在什么地方，长度和泄量是多少？

淮河入江水道自洪泽湖出口三河闸起至三江营入长江，全长157.2公里，为淮河下游干流。为了扩大泄量，提高洪泽湖的防洪标准，新中国成立以来，对入江水道进行了多次整治和加固。50年代初期，根据当时的水文成果，按设计行洪8 000立方米每秒兴建了三河闸，进行了堤防加固和河道疏浚。1956年以后，开挖了金沟改道段，兴建了归江河道控制线和万福闸、芒稻闸、运盐闸。1969～1974年，经国家批准，按行洪12 000立方米每秒进行治理。1991年洪水表明，入江水道行洪障碍较多，有些工程存在隐患，部分建筑物老化失修。经国家计委和水利部批准，按三河闸泄洪12 000立方米每秒标准对入江水道进行加固，主要包括堤防和建筑物加固、清障和河道疏浚等工程。

52 淮河的入海水道在什么地方，长度和泄量是多少，计划何时建成？

淮河的入海水道起自洪泽湖上的二河闸，东经淮阴市的清浦区和淮安市、阜宁县，至滨海县入黄海，全长163.5公里。

1998年10月28日，入海水道工程开工建设，预计到2005年建成。入海水道与分淮入沂共用二河闸，于二河闸下游约3公里处破二河东堤，并在其下游建二河新泄洪闸。以下平行灌溉总渠东流，于扁担港入黄海。入海水道近期工程排洪能力为2 270立方米每秒，可使洪泽湖和淮河下游的防洪标准提高到100年一遇，使渠北地区1 700平方公里面积的排涝标准提高到5年一遇；远期排洪能力约7 000立方米每秒，防洪标准达300年一遇，同时，使渠北地区的排涝标准提高到10年一遇以上。

53我国历史上最早的大型引水灌溉工程是哪一个，建于何时何地，何人主持兴建，现在规模、效益如何？

我国历史上最早的大型引水灌溉工程是安徽省寿县城南30公里处的安丰塘，古名芍陂。建于2 500多年前的春秋中期，是楚国令尹（宰相）孙叔敖主持创建的。孙叔敖根据当地的地形特点，组织人民修建工程，将东面的积石山、东南面龙池山和西面六安龙穴山流下来的溪水汇集于低洼的芍陂之中。修建五个水门，以石质闸门控制水量，“水涨则开门以疏之，水消则闭门以蓄之”，不仅天旱有水灌田，又避免水多洪涝成灾。后来又在西南开了一道子午渠，上通淠河，扩大芍陂的灌溉水源，使其达到“灌田万顷”的规模。到新中国成立前夕，芍陂堤堰颓废，破烂不堪，残留无几，塘面淤塞，水源枯竭，灌溉之效，几已全无。正常年景蓄水量不足1 000万立方米，可灌面积仅约0.45万公顷，而且大都需人力提灌。新中国的诞生，给安丰塘带来新生，如今，芍陂已经成为淠史杭灌区的重要组成部分，灌溉面积达到4万多公顷，并有防洪、除涝、水产、航运等综合效益。1988年1月，国务院确定安丰塘（芍陂）为全国重点文物保护单位。

54 新中国治淮的序幕何时拉开？何谓“导沭整沂”和“导沂整沭”？

新中国治淮的序幕是1948年在解放区的“导沭整沂”和“导沂整沭”工程建设拉开的。

沂河、沭河由沂蒙山南流经鲁南到苏北，下游是著名的淮海区。新中国成立前夕，徐淮平原沂沭河洪水泛滥，人民无所归宿，造成大大小小湖荡和水灾频繁的荒芜平原，鲁南苏北地区人民处于水深火热之中。淮海战场的硝烟尚未散去，中国共产党和解放区人民政府就领导人民从这里开始了治水事业。

1948年，在淮海战役的隆隆炮声中，山东省在临沂地区兴建“导沭整沂”工程，在临沭县大官庄附近劈开马陵山麓，开挖了一条新沭河。从大官庄沭河东岸起经江苏省赣榆县大沙河于临洪口入海。又在临沂以下的彭家道口向东开挖一条至大官庄入沭河的分沂入沭河道。

1949年，江苏省在徐淮地区兴建“导沂整沭”工程，以骆马湖为滞洪区，在沂河下游入骆马湖处整修沂河，扩大泄量，又在骆马湖东岸切开嶂山岭，建成新沂河，以排泄骆马湖以上的洪水。导沭、导沂工程于1953年结束，这些工程不仅为沂沭泗流域开辟了两条新的排洪入海出路，而且为以后进一步治理奠定了良好的基础，也为全面治理淮河揭开了序幕。

55 1991年，淮河大洪水的情况和主要损失如何？江泽民何时到淮河的什么地方看望灾民？

1991年6月中旬和7月上旬，淮河流域发生两次特大暴雨，这是新中国成立以来仅次于1954年的洪涝灾害，淮河以南和里下河地区各站水位接近或超过1954年的最高水位。由于防洪标准低，河道行洪和湖泊蓄洪能力下降，平原洼地排涝能力差，形成涝灾，给全流域带来巨大损失。据统计，全流域受灾耕地 422 万公顷，成灾 320 万公顷，受灾人口 4 300 万人，倒塌各类房屋 120 万间，损失粮食 31 亿公斤，减产粮食 78 亿公斤，直接经济损失达 344 亿元。

1991 年 7 月 7 日～8 日，中共中央总书记江泽民，在田纪云、陈俊生等的陪同下，先后到安徽省的淮南、凤台、颍上等沿淮受灾严重地区察看灾情并慰问受灾人民。江总书记号召广大干部和军民要“振奋精神，加强领导，团结协作，战胜灾害。”在谈到淮河治理问题时，江总书记指出，长远的问题是治淮问题。人无远虑，必有近忧。要未雨绸缪，要从长计议，中央要很好地进行研究。从根本上治理淮河，不能再拖了。党中央的关怀和江总书记的重要指示，极大地鼓舞了淮河人民抗灾治淮的勇气，从而迎来了新中国成立后第二次大规模治淮的新高潮。

㊻1991 年大水后，中央确定治淮重点工程有哪 19 项？

1991 年淮河大水后，中央根据淮河暴露和存在的问题，确定了“八五”、“九五”期间，淮河流域兴建 19 项水利骨干工程。其主要项目有：①淮河干流上中游河道整治及堤防加固；②淮河干流行蓄洪区安全建设；③淮洪新河续建工程；④洪泽湖大堤除险加固工程；⑤淮河入江水道加固工程；⑥分淮入沂续建工程；⑦沂沭泗河洪水东调南下近期工程；⑧防洪水库复建；⑨大型水库除险加固工程；⑩新辟入海水道工程；⑪续建临淮岗控制工程；⑫汾泉河初步治理工程；⑬包浍河初步治理工程；⑭涡河近期治理工程；⑮奎濉河治理；⑯洪汝河治理；⑰沙颍河治理；⑱湖泊地区及支流治理；⑲其他工程。计划总投资 130 亿元。这 19 项水利骨干工程完成后,淮河防洪标准可以进一步提高,淮河干流中游正阳关以下淮北大堤和洪泽湖防洪标准可达百年一遇,沂沭泗中下游防洪标准可达50年一遇。这19项水利骨干工程绝大多数已动工兴建,有的已建成发挥效益,有的正在建设中,近期可望完工。有的大项工程,如临淮岗控制工程等也已通过专家论证,报国务院审批后,就可动工兴建。

57淮河流域水土流失面积是多少,主要分布在哪些区域,目前治理情况如何?

淮河流域山丘面积约9万平方公里。由于流域历史悠久,屡遭战争动乱,久经耕垦滥伐,水土资源反复遭受破坏,虽经过多年的努力,取得了很大成绩,但是还不能从根本上解决问题,水土流失加重的趋势还没有真正得到有效的遏制。据1990年遥感普查,淮河流域水土流失面积达5.9万平方公里。淮河流域伏牛山区、桐柏大别山区、沂蒙山区是水土流失的集中区域。沂蒙山区流失最重。截止目前,累计治理水土流失面积2.22万平方公里。

58淮河流域水土流失可以追溯到哪个朝代?

淮河历史悠久,早在5 000多年前,流域内山区丘陵区曾经是林木茂密、灌草丛生、自然植被较好的地方。由于历代封建统治阶级对资源掠夺、乱砍滥伐和历代争战,山林遭到严重的破坏,水土流失不断加剧。淮河流域的水土流失可以追溯到商朝,那时就有了保护林木,限制砍伐,增加地表植被,控制水土流失之说。春秋、明代、清代也都对水土流失的危害以及防治方法作了描述。到西晋和东晋时期,淮河流域的水土流失就已经十分严重了。

59到 1998 年底,全流域完成多少条小流域试点任务,治理效益如何?

1981 年,水利电力部下达了淮河流域水土保持小流域试点任务。淮委与河南、安徽、江苏、山东四省分别在伏牛山区、大别山区、沂蒙山区及丘陵山岗区进行了不同类型的水土保持小流域综合治理试点,到 1998 年底分期分批选定完成 30 条小流域,总面积 781 平方公里。第一批 8 条试点小流域有:楼子河、虎盘河、候套河、黄榜、高山河、石泉、尧山、张马。第二批 13 条试点小流域有:付沟、清水河、浑椿河、宋家沟、中碑寺、古佛堂、龙泉河、石槽、曹八沟、芦山河、杨庄、斜屋、小沙沟。第三批 6 条试点小流域有:磨街、官庄、山庄、西伽河、木厂河、赐儿山。第四批 3 条试点小流域有:乐昌河、元门、郭湾。小流域治理效益显著:①生态效益。加速了生态平衡的发展,使荒山秃岭、穷山恶水变成了林茂粮丰、山清水秀的新局面。②经济效益。试点小流域在粮食面积减少的情况下,平均粮食增产率为 80.38%,经济总产值增长率为 369.5%,人均粮食增长率为 72.66%,基本农田是治理前的 2.7 倍,人均纯收入比治理前提高 2.77 倍。③社会效益。试点工作推动了山区交通的发展,改善了交通状况,促进了城乡的交流,增强了山区群众发展商品经济意识,增加了农民收入。

60国家下达的淮河流域水土保持治理试点县有哪几个? 该项目一期工程何时竣工验收,效益怎样?

1991 年国务院召开了治淮、治太会议,决定把水土保持列为治淮工程建设的第一条任务,中央领导指示在淮河流域选择一些治理片作为示范。1992 年 4 月,国家下达了淮河流域水土保持治理试点县任务,将水土流失严重、群众生活贫困的河南省鲁山县、新县，安徽省金寨县、霍山县和山东省费县作为试点县，以期经过几年的试点取得经验后，再进一步扩大治理范围，从根本上解决淮河流域严重的水土流失和革命老区脱贫致富问题。该项目一期工程 1992 年开工，1996 年竣工，1997 年 5 月顺利通过验收，经济、社会和生态效益显著。项目区内 66.5 万人摆脱了贫困，林草覆盖度从 45.83% 提高到 73.13%，项目区内陡坡开荒、滥垦山地、广种薄收的粗放经营向资源合理开发、立体布局的科学化生产经营方向转变。农村剩余劳力也得到合理安排，加快了物质文明和精神文明建设。

⑥①截至 1997 年，淮河流域有效灌溉面积是多少？现各类水利设施的设计灌溉面积是多少？

1997 年，淮河流域有效灌溉面积已达 858 万公顷。为满足粮棉产量不断提高的要求，须逐步提高灌溉面积。淮河流域为我国水利灌溉较发达的地区之一，现各类水利设施的设计灌溉面积已达 1 000 万公顷，同时近期各地均加大了农田水利的投入，淮河流域农田灌溉已进入快速、稳步发展时期，这是今后淮河流域发展水利灌溉的有利条件。

⑥②淮河流域利用湖泊灌溉供水，有哪三大重要的水源地？

淮河流域湖洼地区较多，利用湖洼地蓄水灌溉是解决灌溉水源不足的重要途径之一。洪泽湖、骆马湖、南四湖是淮河流域三大重要的灌溉、供水水源地。洪泽湖是我国第四大淡水湖。蓄水面积 2 068.9 平方公里，在蓄水位 12.5 米的情况下，相应容积为 31.27 亿立方米，设计灌溉面积 82 万公顷，实际灌溉面积 53.4 万公顷。骆马湖蓄水面积375平方公里，在蓄水位23.0米时，相应容积9.01亿立方米。设计灌溉面积65.3万公顷，实际灌溉面积12.5万公顷。南四湖是我国第五大淡水湖，蓄水面积1 280平方公里，灌溉面积约为8.7万公顷。

63 利用塘坝蓄水灌溉，在淮河流域历史悠久，你能举出几个例子吗？

建筑塘坝蓄水灌溉在淮河流域历史悠久，如始建于春秋楚庄王时(公元前613～前591年)的芍陂(安丰塘)，始建于东汉时期的扬州五塘(陈公塘、勾城塘、上雷塘、下雷塘、小新塘)和高家塘。还有建年无考的蔡家塘、蒲阳陂、鸿隙陂等。据《水经注》记载，两汉时期淮河流域的陂塘数量众多，淮北达90余处，淮南有3处，汝水两岸就有陂塘37处之多。历史上的历朝历代，随自然和人为的作用，塘坝工程也经历了兴衰之变，但是历代劳动人民开发利用塘坝蓄水，发展灌溉始终没有停止过，直至今日。

64 淮河流域的井灌历史已有4 000多年，传说中发明凿井技术的人是谁？水井的发展经过哪几个历程？

淮河流域凿井取水开发利用地下水源，已有4 000多年的历史，传说发明凿井技术的伯益，是当时徐戎氏(属淮夷)族部落的首领。

在漫长的历史发展过程中，水井从土井、陶井、砖井、石井发展到现在的机电井。从几米到40米以内的浅井，发展到40～60米的中井及60米以上的深井；挖井技术变化巨大，由人力挖掘从沙层取水到用钻机钻取岩层水；提水也由人、畜力提取发展为机电提水。随着凿井开发利用地下水源技术的不断进步，自 20 世纪 80 年代起，淮河流域为防止地下水源因滥采而造成一系列环境问题，开始向加强开发利用地下水源管理的方面运作。

65 淮河流域的灌区建设分哪三大类型？

(1)水库塘坝灌区。是一种主要利用大中小型水库和塘坝蓄水调节，以自流为主的灌溉方式。淮河流域共有水库塘坝灌区 200 多万公顷，其中规模最大的是淠史杭灌区。

(2)河湖灌区。主要利用河道水和湖泊蓄水调节，用以发展灌溉。河湖灌区除洪泽湖和引黄灌区以自流灌溉为主以外，其他都以提水灌溉为主。淮河流域共有河湖灌区 247 万公顷。其中，规模最大的是江苏省的洪泽湖灌区和江都抽水站引江灌溉工程。

(3)井灌区。主要开发利用淮北平原地区丰富的浅层地下水，用以灌溉农田。目前，全流域已有机电井 79 万多眼，其中机电设备配套齐全的约有 55 万眼。

66 历史上有"百里不求天"灌区之称的是哪一灌区？

淮河流域引河、湖水灌溉的历史悠久。河南省固始县是我国的一个古老灌区。据《淮南子·人间训》中记载，楚国令尹(即宰相)孙叔敖就曾在河南省固始县境史河两岸期思(今固始县蒋集)兴建农田灌溉工程。三国时期，曹操为了统一战争的需要，在两淮屯田，大兴两淮水利，在固始县史河沿岸修建茹陂，利用茹陂灌溉稻田。这项工程一直延续使用到宋代。南宋黄河夺淮以后，淮河水系遭到了破坏，史料记载农田水利之事很少。据明代《(嘉靖)固始县志》记载，境内清河灌区，就是在古代期思和茹陂灌溉工程的基础上修复和发展起来的。它的引水口在固始县的黎集，在史河上打沙坝，凿开东岸的石嘴头引水向北，称为清河；又在史河下游，自东岸开渠引水向东，称湛河；清河与湛河在中部相会。由于清河长45公里，湛河长20公里，合计百余里，故有“百里不求天”灌区之称。灌区遍布陂塘，灌溉用水由渠入陂，由陂入田，是一种渠塘结合的灌溉工程。清河灌区各引水口位置的选择和水闸流量控制十分科学。现在，石嘴头引水口和均济闸还屹然矗立在那里，这是我国古代劳动人民艰苦奋斗和聪明智慧的象征。

67 淮河流域目前2万公顷以上的大型河湖灌区有几个，分布在何地？

新中国成立后，淮河流域引河、湖灌溉得到很大发展，截至1990年，淮河流域先后建成20个2万公顷以上的大型河湖灌区，有效灌溉面积40.5万公顷。它们是：新汴河灌区，分布在安徽的灵璧、宿县和泗县；炉桥电灌站灌区，位于安徽定远县西部严重干旱缺水的丘岗地区；葛沟灌区，分布在山东省沂南、莒南、临沂，是山东省最早建成的一个大型引河灌区；龙窝灌区，位于山东临沭县；胜利灌区，灌区范围为山东枣庄市峄城、台儿庄两区；茨淮新河灌区，分布在安徽省利辛县、阜阳市、凤台县和怀远县一带；永幸河灌区，在安徽凤台县境内；沭新渠灌区，位于连云港市东海县东南部；渠南灌区，位于江苏省淮安市东南部；洪金灌区，位于江苏省洪泽湖以东，白马、宝应湖农场以西，草泽河以南，入江水道以北；周桥灌区，位于江苏省洪泽湖以东，草泽河以北，灌溉总渠以南，东临白马湖；涟东灌区，位于江苏省一帆河以东，废黄河以西、以北，北与灌南、响水县接壤；涟西灌区，位于江苏省南塘河以南，东张河以东，盐河以北；涟中灌区位于江苏省盐河以东，一帆河以西，武障河和大潮河以南，涟北路以北；渠北灌区，位于淮安市境内东北部，苏北灌溉总渠以北，里下河以东，废黄河以南；淮涟灌区位于淮沭河以东，北塘河以南，盐河以北，张河以西，包括淮阴县和涟水县的部分地区；来龙灌区位于宿迁市运河以东，新沂河以南，淮沭河以西，宿迁市境内；沂北灌区位于新沂河以北，古泊河以南，西至沭新河，东与灌云县接界；柴塘灌区位于淮沭河以东、柴米河以南、北六塘河以北、盐河以西；五岸灌区，位于苏北灌溉总渠以南、东至海堤河，南至射阳河，西至汛鲍河。

68全流域规模最大的水库灌区是哪个？

淮河流域规模最大的水库灌区是淠史杭灌区。这个灌区利用淮河水系上的佛子岭、响洪甸、磨子潭、梅山和长江水系上的龙河口五大水库的丰富水源，通过横排头、红石嘴、龙河口 3 个渠枢纽工程控制，把水引上高岗，经过总长 1 000 多公里的总干渠、干渠，再流入分干渠和支、斗、农渠，灌溉江淮丘陵大片农田。它的设计灌溉面积为 80 万公顷，目前的实灌面积已达 60 多万公顷。该灌区从 1959 年开始发挥灌溉作用以来，经济效益显著。

69全流域塘坝工程有多少座，有效灌溉面积是多少？

新中国成立后，淮河流域塘坝水源工程发展很快，尤其在山丘低岗地区，利用合适的位置，挖塘、筑坝蓄水，既解决了人畜用水，又发展了灌溉和养殖，群众誉称“当家塘”。自 20 世纪 80 年代以来，在以小流域为单元的水土保持综合治理中，兴建起众多的拦沙、蓄水塘坝，高水高用，低水低用，在灌溉、供水方面起到重要作用，据 1990 年统计，流域内豫、皖、苏、鲁四省共有塘坝 605 895

座，蓄水总量达 35 亿立方米，有效灌溉面积达到 20 万公顷以上。

⑦⓪有哪些党和国家领导人视察过淠史杭灌区，他们留下什么珍贵的题词？

淠史杭灌区建成后，毛泽东、周恩来、朱德、刘少奇、邓小平、刘伯承、李先念、郭沫若、叶剑英、聂荣臻、彭真、杨尚昆、董必武、陆定一、刘澜涛、李鹏、乔石、洪学智、杨汝岱等党和国家领导人来此视察过。

刘伯承题词：

淠史杭是这一地区广大群众作出光芒万丈的基本建设，给予子孙的长远幸福和全国的雄伟示范。

李鹏题词：

大别山功在革命，淠史杭兴利六安。

杨汝岱题词：

完善淠史杭工程，造福八百万人民。

⑦①淠史杭灌区由哪三个灌区组成？其中哪一个灌区属长江流域？为灌区提供水源的是哪五大水库？

淠史杭灌区是由淠河灌区、史河灌区、杭埠河灌区三个灌区组成的。淠河灌区设计灌溉面积 41.4 万公顷；史河灌区设计灌溉面积 25.5 万公顷；杭埠河灌区设计灌溉面积为 9.13 万公顷。淠史杭灌区有效灌溉面积为 61.5 万公顷，其中皖境为 53.7 万公顷，豫境为 7.8 万公顷。淠河和史河灌区在淮河流域，杭埠河灌区属长江流域和巢湖水系。淠史杭灌区总面积 14 107 平方公里，其中安徽省 13 130 平方公里，河南省 977 平方公里。为淠史杭灌区提供主要水源的是淠河上的佛子岭水库、磨子潭水库、响洪甸水库，史河上的梅山水库和杭埠河上的龙河口水库等五大水库。

72 当代文豪郭沫若视察淠史杭灌区时的题词内容是什么？

1964 年春天，当代文豪郭沫若视察淠史杭灌区后，欣然命笔，生动形象地勾画出淠史杭工程雄伟壮观、巧夺天工的绚丽图景："排河析水分清浊，喜见源头造海洋，河道提高三十米，山岗增产万斤粮。倒虹吸下渠交织，切道崖头电发光，汽艇航行风浩荡，人民力量不寻常。"

73 本流域引黄灌区西起何处，东至何处，供水范围多少？

黄河南堤即是黄、淮两大流域分水岭，淮河流域沿黄地带降雨最少，引黄补淮，发展灌溉，从古至今几无间断。现今，淮河流域引黄灌区已连成片，西起河南郑州，东到山东东平，供水范围 2.26 万平方公里，使河南、山东两省 7 个地(市)30 个县受益。灌区内有耕地约 54.7 万公顷，人口 400 多万。

74 到 1990 年，淮河流域共建有大小引黄灌区多少处？其中设计灌溉面积在 2 万公顷以上的大型灌区有几个？各个灌区有效灌溉面积是多少？

到 1990 年，淮河流域共建有大小引黄灌区 16 处，设计灌溉面积 52 万公顷，有效灌溉面积 14.4 万公顷。在这 16 个引黄灌区中，设计灌溉面积在 2 万公顷以上的大型灌区有 7 个，即河南省的赵口、柳园口、三义寨和山东省的阎潭、谢寨、苏泗庄、苏阁。

赵口灌区设计灌溉面积 15.2 万公顷，有效灌溉面积 0.6 万公顷；柳园口灌区设计灌溉面积 2.2 万公顷，有效灌溉面积 0.72 万公顷；三义寨灌区设计灌溉面积 8.9 万公顷，有效灌溉面积 0.63 万公顷；阎潭灌区设计灌溉面积 3.03 万公顷，有效灌溉面积 0.27 万公顷；谢寨灌区设计灌溉面积 2 万公顷，有效灌溉面积 0.8 万公顷；苏泗庄灌区设计灌溉面积 2.8 万公顷，有效灌溉面积 1.6 万公顷；苏阁灌区设计灌溉面积 3.1 万公顷，有效灌溉面积 2 万公顷。

75 苏北引江引淮灌区实际灌溉面积是多少？2 万公顷以上的大型灌区有哪些？

新中国成立后，苏北进行了大规模的根除水旱灾害的水利建设，陆续兴建了很多万亩以上的自流和提水灌区。尤其是自江都大型水利枢纽建成后，江水可以一直送到南四湖，江淮水调配使苏北发展灌溉有了可靠的水源。截至 1989 年，苏北引江、引淮设计灌溉面积 96 万公顷，实际灌溉面积 63.6 万公顷。建成有 2 万公顷以上的大型灌区 13 处，设计灌溉面积 39 万公顷，实际灌溉面积 26 万公顷。2 万公顷以上的大型灌区有沭新渠灌区、渠南灌区、洪金灌区、周桥灌区、涟东灌区、涟西灌区、涟中灌区、渠北灌溉、淮涟灌区、来龙灌区、沂北灌区、柴塘灌区、五岸灌区。

76 淮河流域的现状供水能力为每年多少亿立方米？

淮河流域大中小型水库、塘坝、湖泊共有兴利库容约 210 亿立方米，但目前由于安全、配套等原因，有一部分水库尚不能按设计兴利水位蓄水，现状蓄水工程的供水能力为 100 亿～150 亿立方米。按现状能源供应条件，淮河流域提引水工程的供水能力为

300 亿～330 亿立方米。丰、平水年以本流域水源为主，枯水年须引较多的长江、黄河水补源，因此提水工程的供水量变幅不大。淮河流域虽然机电井较多，但受管理、能源供应及田间配套等的限制，现状供水能力为 100 亿～120 亿立方米。综上所述，淮河流域的现状供水能力为每年 500 亿～600 亿立方米。

⑦⑦淮河流域平原易涝易渍面积是多少？盐碱耕地面积是多少，主要分布在哪些地区？

涝渍、盐碱灾害严重制约着淮河流域农业生产的发展。淮河流域有易涝易渍总面积 11.1 万平方公里，易涝易渍耕地达 605 万公顷，主要分布在豫东、皖北、苏北和鲁西南的平原地区，其中河南省 136 万公顷、安徽省 185 万公顷、江苏省 188 万公顷、山东省 96 万公顷，有盐碱耕地 151 万公顷，主要分布在淮北平原、黄泛区和滨海地区，其中河南省 40 万公顷、安徽省 11 万公顷、江苏省 68 万公顷、山东省 32 万公顷。

⑦⑧淮河流域涝渍、盐渍灾害很突出，其产生的原因是什么？

淮河流域易产生涝渍、盐渍地区地面比降都很少，多为 1‰左右，河道的平槽泄流能力很低，汛期河道水位经常高出防洪堤脚，内水难以排除；历史上又受到黄河长期侵袭，水系紊乱，河道淤塞，排水出路不畅；同时，这些地区的降雨时空分布很不均匀，70％集中于 6 月至 9 月，而且蒸发大于降水，由南向北，旱季蒸发大于降水 3 至 8 倍；滨海地带的海退地，常受海潮威胁，地下水矿化度高，土壤含盐量也高。上述种种因素，加之不合理的人为措施影响，导致淮河流域涝渍、盐渍灾害尤为突出。

⑦⑨新中国成立后，淮河流域治理涝渍和盐碱所采取的主要措施有哪些？

新中国成立后，淮河流域治理涝渍采取的措施有河道整治、开挖新河、沟洫配套、机电抽排等。河道整治主要是开挖河槽，同时也因地制宜采取一些裁弯取直和调整水系等办法，为排除大面积涝水打开通道和出路；开挖的新河有新汴河、茨淮新河、苏北灌溉总渠及渠北排水渠等；沟洫配套是排除地面雨水和降低地下水位的重要措施，一般包括排水沟和桥涵建筑物，排水沟又分面上的大、中、小沟和田间排水沟，构成一个排水系统；机电抽排是针对汛期受河、湖高水位的影响，内水不能自流排除而设立排水站，实行机电排水。至 1990 年，已初步治理的易涝面积达到 529 万公顷，占易涝耕地的 82%。盐碱灾害的治理主要采取开沟排水、淋盐洗碱、深翻压碱、降低地下水位、种植绿肥、增施有机肥料等措施。通过综合治理，至 1990 年，盐碱耕地得到初步改良的面积已达 126 万公顷，占盐碱耕地总面积的 83%。虽然全流域除涝、治碱面积都达到 80% 以上，但标准不高，治理任务依然十分艰巨，同时，还有一些滨海盐碱滩地也有待开发治理。

⑧⓪苏北徐淮地区除涝治碱进行梯级河网化建设的措施是什么？

徐淮梯级河网化建设自 1957 年以后，除涝治碱梯级河网化建设“深(深沟深河)、网(沟河网)、平(平底河道)、分(分片分级控制)”的健全排灌体系。通过“深沟深河”多蓄地面水，截取浅层水，拦用回归水，引取外来水，降低地下水，淋盐洗碱，改良土壤；由大中小沟构成“河网”，田间墒构成“墒网”，组成一个完整的网络系统，相互沟通，达到局部暴雨调度，迅速排出田面水，尽快降低地下水，及时控制土壤适宜水分；平底河道有利调度引排，提高抗旱排涝能力；沟、河底平，水深相通，既增加蓄水容量，又改善航运交通；高地低地分级分片梯级控制，做到高水高蓄高排，低水低蓄低排，提高河网引蓄排灌降效能，消除高低地矛盾，改善高旱、低渍局面。

81 里下河地区被称为“四港排涝”的是哪四港？

历史上里下河地区排水入海主要靠射阳河（港）、新洋港、斗龙港。1971 年冬，江苏省进行黄沙港治理工程，至 1973 年完成全部主干和配套工程，使其成为里下河地区排涝的又一主要河道。至此，射阳河（港）、黄沙港、新洋港、斗龙港被通称为“四港排涝”。兴化水位 2.5 米时，四港排水能力为 1 078 立方米每秒，兴化水位 3.0 米时，四港排水能力为 1 427 立方米每秒。

82 我国古代诗词中，有关吟咏淮河的诗词很多，你能举出几例与生态环境有关的诗句吗？

我国古代诗词作家，对淮河的自然景观及人文风貌等有很多吟咏，以此歌颂淮河流域大好河山、历代人民治水的辉煌成就及淮河两岸人民不屈不挠的精神，从而表达作者爱国主义及对祖国山河无比热爱的思想感情。

例句：

“长淮之水清如苔，行人但觉心眼开”。

“淮水东南地，无风渡亦难。”（韩翃）

“京口瓜洲一水间，钟山只隔数重山。春风又绿江南岸，明月何时照我还。”（王安石）

“汴水流，泗水流。流到瓜洲古渡头，吴山点点愁。思悠悠，恨

悠悠。恨到归时方始休，月明人倚楼。”（白居易）

“千里长河共使船，听君诗句倍凄然。春风野岸名花发，一道帆墙画柳烟。”（杜牧）

83新中国治淮 40 多年来，淮河航运建设取得哪些成绩？

1949 年以前，因淮河航道失修，淮河干流和京杭运河淮河段只能分段通航，几条较大支流只能季节性通航，水运业处于惨淡经营状态。

新中国成立后，随着国家社会主义经济建设和治淮事业的发展，先后对淮河中游正阳关以下至洪泽湖的航道浅滩进行多次疏浚，改善了通航条件。50 年代至 60 年代初期，三河闸和蚌埠闸先后建成后，提高了航道水深，保证了大吨位船队的航行。对淮河的主要支流，如颍河、涡河等多条航道，也进行了整治疏浚，使许多支流中下游恢复了常年通航。

为了适应国家建设物资运量增加的需要，减轻津浦铁路运输的压力，从 50 年代至 80 年代，对济宁至长江段 530 公里的运河，经过两次大规模的整治扩建，先后建成大中型船闸 14 座，大型复线船闸 8 座，二级航道达 280 公里，三级航道 90 公里，不足三级的航道尚有 160.5 公里。

经过 40 多年的建设，现在淮河流域已有各级航道 1 400 余条，总长达 20 615 公里，年货运量达百万吨以上的有 8 条。其中，通过船闸调节水位，形成梯级渠化的航道长 18 740 公里，天然自流通航里程 375 公里。与 1953 年相比，通航里程净增 7 032 公里。淮河正阳关以下至江苏淮安 384 公里，可常年通航 200～500 吨级船队；徐州至长江段运河，可通航 500～2 000 吨级船队；茨淮新河可通航 300 吨级船队；其余的航道只能通航 50～100 吨级船舶。全流域已建成船闸 121 座、大小港口 64 个。据 1985 年统计资料,淮河流域运输船舶保有量为10.77多万艘,装机为33.93万吨马力,客运总量为2 500万人次,货运总量为8 604.5万吨、145.15亿吨公里。货运量比新中国成立初期增加8倍多。

84 我国最早的鱼道何时在哪条河上建成?现在淮河流域已建成多少座鱼道?

为了解决沿海河流建闸妨碍鱼类洄游繁殖的问题,根据国家对水利建设提出要"救鱼、救木、救船"的要求,1966年6月,江苏省在苏北大丰县斗龙港闸身南侧建成一条沟通淡水、海水鱼类洄游的通道——鱼道。这是我国兴建时间最早的一条鱼道。接着在淮河流域沿海、内湖和入江水道沿线先后建成22座鱼道,如:黄沙港鱼道、利民河鱼道、太平闸鱼道、入江水道东偏泓漫水闸鱼道、杨庄河闸鱼道、瓜洲闸鱼道、九龙闸鱼道、金湾闸鱼道、团结河闸鱼道等较大鱼道。

鱼道建成后,4月份至8月份是各类洄游鱼苗运动时期,据多年统计,有利于洄游类鱼种资源的恢复和发展。据观察记录,斗龙港鱼道每小时过鳗鲡苗达31 365尾,鲻鱼苗1 975尾,团结河鱼道每小时通过梭鱼、鲈鱼苗达4 000多尾,太平闸鱼道在5月份曾有2 000多尾河蟹,5 000多尾鳗鲡苗通过。

85 中国海上第一堤何时在何地建成,规模和作用如何?

1993年12月,我国海上第一堤在江苏省连云港市建成。连云港拦海西堤,是跨海拦截鹰游门海峡(即东西连岛)西口工程。该项工程是国家"七五"重点工程,总投资为1.58亿元,1986年9月10日开工,先由东端连岛向西筑堤,后又由西端海岸黄石嘴向东筑堤,进行双向抛石填海对接施工。海堤全长 6 700 米,底宽 60 米,顶宽 12 米,堤身高出海面 8 米。海堤外坡用 1 米见方的混凝土棱体块砌筑,每块重约两吨。堤顶两侧筑有 2.8 米高的弧形挡浪墙,堤上铺有水泥路面,挺拔的路灯杆矗立在海堤上,好像护卫海堤的哨兵。

连云港拦海大堤建成后,不仅可以起到挡浪、挡沙,使港口圈围成一个半封闭的 25 平方公里的平静港湾,而且为港口建设增加 12 公里可利用的海岸线,为港口跨世纪发展打好基础。而堤顶全天候、双车道公路,将海州湾内第一大岛与陆地连为一体,活跃海岛经济,为利用海岛资源提供了便捷的交通条件。

86 我国第二条黄金水道是哪条河,为什么?

京杭运河是明清两代的经济生命线,近代衰落以后,淮河流域段年货运量不足 90 万吨。新中国成立后,通过 4 次大规模的整治,建成十大货运港口、八座能通过 2 000 吨舶位的复线船闸。使运河年货运能力达 4 500 万吨以上。据江苏省统计,该省内的京杭运河全年货运量已达 1.2 亿吨以上,运输量仅次于长江。

由于苏北京杭运河千吨级航道的建成,使华北和华东之间形成一条大容量的水上运输通道,不但可将山东及苏北运河沿线所产煤炭和农产品就近上船,运往上海、江浙等地,而且由于运河在济宁、徐州等地与新石、龙海、津浦铁路相交,各种物资还可以在这些地方进行铁路、水路转换运输,起到综合调剂各种运输线能力的作用,以缓和北煤南运对徐州以南津浦铁路运输的压力。另外,水运还可以大幅度降低运输费用。据航运部门统计,要把 2 000 万吨鲁西南的煤水运至江浙、上海等地,要比用其他运输方式,每年节省运输费达 10 亿元左右。苏、鲁两省运河沿岸大小数万家企业，大部分物资也依靠运河水运，运河腹地可以通航的广大乡镇，也深得运河之利。除航运之外，运河还在农田灌溉、防洪、排涝、水产养殖和发展旅游业等方面发挥着越来越大的作用。苏、鲁京杭运河是我国南水北调东线工程的主渠道。

从以上的事实可以看出，古老的淮河流域段京杭运河已焕发了青春的活力，成为我国仅次于长江的第二条黄金水道，为我国国民经济建设作出了巨大的贡献。

㊇淮河上最大的船是哪条？它主要用来执行何种任务？

在淮河上行驶的最大的船只是1986年建造的“淮清”号，该船是我国当时仅有的两条水质监测船之一，是淮河中最大的也是惟一的大型水质监测船。其主要用于监测淮河干流及省界间的水污染情况。船上配备了液相色谱仪、原子吸收分光光度计、气象色谱仪、离子色谱仪、分光光度计，TOC测定仪等国内外先进的水质检测设备，可在船上现场完成水质监测项目。

㊈新中国治淮50年来，先后开挖了哪些人工新河，长度和泄量各是多少？

淮河流域有平原易涝面积660多万公顷，主要分布在皖北、豫东、苏北、鲁西南地区。这些地区历史上长期受到黄河侵袭，沟河淤塞，水系紊乱，排水能力小，出路不畅，涝渍灾害十分严重。新中国治淮不久，这些地区的人民政府就带领广大人民群众广泛开展了治水除涝斗争，在疏浚和整治河道的同时，开挖了许多人工新河，以增加排水流量，解决排水出路，大大减轻了平原地区的涝灾。

新中国治淮50年来，先后开挖了很多人工新河。其中较大的人工新河有 15 条,详见简表。

新中国淮河流域开挖的主要人工新河简表

河名	所在省	长度(公里)	设计流量(立方米/秒)	开挖时间(年)
新沭河	山东、江苏	78	6 000	1949～1953
新沂河	江苏	185	7 000	1949～1953
分沂入沭	山东	19.8	4 000	1951～1953
苏北灌溉总渠	江苏	168	800	1951～1953
淮沭新河	江苏	97.6	3 000	1957～1970
邳苍分洪道	山东、江苏	77	3 000	1957～1958
洪河分洪道	河南、安徽	84	750	1958～1959
新汴河	安徽、江苏	127.1	1 460	1966～1971
东鱼河	山东	172	2 335	1967～1969
洙赵新河	山东	140.7	1 220	1971～1972
茨淮新河	安徽	132.2	2 000	1971～1990
韩庄运河	山东、江苏	42.5	1 300	1958～1962
梁济运河	山东	83	1 000	1959～1960
怀洪新河	安徽、江苏	121	2 000	70 年代～1995
徐洪河	江苏	120	2 330	1959～1992

89 淮河流域大中城镇全年污水排放总量是多少,哪些城市已建污水处理厂?

淮河流域城镇年污水排放总量从 20 世纪 80 年代起呈逐年增加的态势。到 1996 年每年排污总量基本稳定在 35.37 亿吨左右,主要污染物 COD 的含量经过不断治理呈下降趋势。截至 1998 年底,流域内已有徐州、枣庄两市建起污水处理厂并投入使用,另有 14 个城市的污水处理厂已开工建设。

90我国第一部流域性水环境保护法主要内容是什么，是哪年颁布的？

中国第一部流域性水环境保护法规是国务院于1995年8月8日颁布的《淮河流域水污染防治暂行条例》，它以法律的形式规定了淮河水污染防治的目标和规划，以及各阶段防治的重点工作，体现了中国政府防治淮河水污染的决心，并探索治理流域性水污染的途径，开我国政府为流域立法的先河。

91 20世纪我国最大的水污染防治行动是在哪条河实施的？它分几个重大步骤？

20世纪我国最大的水污染防治行动，是80年代末从淮河流域开始的。1989年2月，淮河发生了一次大范围突发性污染事故，沿淮城市饮用水源被破坏，淮河下游洪泽湖中的鱼大量死亡。1990年5月，由国家环保局，水利部和河南、安徽、江苏、山东四省人民政府联合颁布了《关于淮河流域防止河道突发性污染事故的决定(试行)》，建立污染联防制度，上下游地区的环保、水利部门联合防治污染事故。随着干流污染程度的不断严重，1995年8月8日，国务院颁布《淮河流域水污染防治暂行条例》，并采取坚决措施，于1996年6月30日，在淮河流域关闭5 000吨以下小造纸厂1 111家。同年9月30日，在全流域清理“十五小”企业。1997年12月31日，要求日排污100吨以上的企业实现工业污染源达标排放。1998年1月1日，国家在淮河流域治污，采取“零点行动”。对排污企业实施监测，对不达标的企业实行关停，并要求2000年实现淮河水体变清。

㉒我国政府为什么要探索治理污染的“淮河模式”?

从 20 世纪 70 年代末起,中国的水污染问题日趋严重,其中尤以淮河的水污染问题最为突出,引起国内外的高度关注。淮河流域地处我国腹地,人口密集。在党的改革开放政策指引下,全流域国民经济发展很快,其水污染的过程和水污染的治理都具有代表性,为此,国家专门制定了《淮河流域水污染防治暂行条例》,把治理污染纳入法治轨道;同时,搞清现状、分析问题、预测未来,寻求对策。淮河的污染即是全国各江河污染的缩影和代表,治理淮河污染可探索在全国范围内治理水污染的经验,并予以推广。因此,政府致力于探索治污的“淮河模式”。

㉓淮河治污“零点行动”指的是什么? 其意义何在?

1998 年 1 月 1 日零时,我国政府在淮河流域实施了治理水污染的一次重大行动,由水利部、国家环保局、淮河水利委员会等部门组成“零点行动”执法检查团,现场检查淮河干流工业污染达标排放情况,新华社、中央电视台等新闻媒体配合检查团进行全面报道,对全流域日排污量在 100 吨以上的 1 562 家工业企业实行排污检测。要求实现流域内工业污染源的达标排放。在这次行动中,全流域日排 100 吨污水的 1 562 家企业有 696 家通过达标验收,443 家污水处理设施投入试运行,215 家企业宣告停产治理,其他企业进行了转产或关闭,全流域基本实现达标排放。这次行动是按照国务院确定的淮河污染治理的时间表,实现淮河水体变清的关键步骤,表明中国政府治理淮河污染的坚定决心。

㊹淮河水污染始于何时，为何会引起全社会的高度重视？

“60年代淘米洗菜，70年代开始变坏，80年代污水灌溉，90年代鱼虾绝代”。这句民谣较为形象地表达了淮河污染的过程。20世纪70年代初，淮河水开始被污染，1974年，当时任国家副总理的李先念，曾对反映淮河污染的报告作出批示，要求对淮河污染的防治抓出成效。随着社会经济的不断发展，流域内许多地区急功近利，片面追求经济效益，使淮河污染不断加重，重大污染事故不断发生，造成沿淮城镇居民饮水告急，工矿企业停产，养殖业损失严重，农业灌溉受到严重影响，成为严重的社会问题，因而引起国内外的关注。

㊺我国“南水北调”（东线）的起点是哪里？“引江济淮”从哪里开始？

我国“南水北调”东线工程，是以抽引长江水沿运河北上，输水入京、津两市，其起点为江苏省扬州市江都抽水站，该枢纽沟通长江与淮河，是我国最大的电力排灌站，可抽江水北上，又可排苏北里下河地区涝水入江，是“南水北调”（东线）的龙头。

“引江济淮”是由安徽无为的凤凰颈电力排灌站引长江水系的巢湖水，从淝西县过江淮分水岭，经寿县入东淝河，向淮河补水以缓解淮北地区的缺水状况。这项规划工程还没有实施。

㊻“南水北调”（东线）终点是哪里？全线规划由几个梯级组成？

“南水北调”（东线）规划终点是天津，同时当北京缺水时可调水至北京。全线由江都抽水站开始到天津结束，全程长1 150公里,设计13级提水。让长江水爬楼梯,越过黄河分水岭,进入华北平原的京、津两大城市,为华北人民造福。因该线同时可由天津继续扬升水量进京,那么由天津至北京需再增10级泵站扬水。

㊲“南水北调”(东线)工程采取什么方式过黄河?

“南水北调”(东线)工程过黄河,是在黄河下面凿隧洞,与黄河立交输水过黄河,就是让长江水北上从黄河底下钻过去。隧洞选址在山东境内的东阿县和梁山县,目前已打好穿黄探洞。

㊳人、畜饮用水的国家标准是什么?

按照国家地面水环境质量标准,三类以上地面水水域可作为人类生活用水的水源,人类生活用水要达到饮用水标准还需有严格的规定,如色度、浑浊度、嗅和味、肉眼可见物、硬度、金属离子、细菌数等多项执行标准。自然水源在符合生活用水标准后,须经过特殊处理才可作为饮用水。牲畜则可对三类水以上自然水域水源直接饮用。我国确定的地面水环境质量标准,依地面水水域使用目的和保护目标,将其划分为五类:Ⅰ类,主要适用于源头水,国家自然保护区;Ⅱ类,主要适用于集中式生活饮用水水源地、一级保护区、珍贵鱼类保护区、鱼虾产卵场等;Ⅲ类,主要适用于集中式生活饮用水水源地、二级保护区、一般鱼类保护区及游泳区;Ⅳ类,主要适用于一般工业用水区及人体非直接接触的娱乐用水区;Ⅴ类,主要适用于农业用水区及一般景观要求水域。